GEOPOLITICS

# 再生可能エネルギーの地政学

*of*

RENEWABLE ENERGY

十市 勉

TSUTOMU TOICHI

エネルギーフォーラム

# はじめに

２０２２年2月に始まったロシアによるウクライナ侵略で、世界は深刻なエネルギー危機に見舞われた。それで思い出されるのは、50年前の１９７３年に起きた石油危機（オイルショック）である。第４次中東戦争の際に、サウジアラビアを中心とするアラブ産油国が親イスラエル諸国に石油の禁輸措置を発動した結果、原油価格が急騰して世界経済は深刻な物価上昇と景気後退に陥った。

それ以降も中東地域では、１９７９年のイラン革命や翌年に始まったイラン・イラク戦争、１９９０年のイラクによるクウェート侵攻と湾岸戦争、２００１年の米国同時多発テロとイラク戦争など革命や戦争が相次いだ。そのため、「エネルギーの地政学（Geopolitics of Energy）」は、石油・天然ガスの地政学とほぼ同義語とみられてきた。

地政学[1]とは、元来、地理的な条件が国際政治や軍事に与える影響を研究する学問であるが、20世紀は「石油の世紀」とも呼ばれたように、戦略的に重要な石油・天然ガス資源の確保を巡って国家間の争いと離合集散が繰り返されてきた。その際の重要な関心事としては、石油・天然ガス資源の賦存地域の国際政治や軍事情勢、輸送ルート（パイプラインとタンカー輸送）、チョークポイント（戦略的に重要な海上航路）の安全確保などが挙げられてきた。

今回のロシアを震源地とするエネルギー危機は、ロシアが世界屈指の石油、天然ガス、石炭の輸出大国であるため、化石燃料全体の供給不安と価格高騰を引き起こした。特に欧州諸国は、大量のロシア産天然ガスをパイプラインで輸入してきたため、かつてない深刻な「ガス危機」に直面するなど、地政学リスクが一気に顕在化した。現在の「プーチンの戦争」の先行きは非常に不透明だが、ほぼ確実視されるのはロシアの政治的、経済的な混迷が続き、中長期的にも世界の石油・天然ガス供給を巡る地政学リスクが存続することである。

その一方、２０１５年に気候変動問題の国際枠組みである「パリ協定」が成立して以降、世界では再生可能エネルギー[2]（以下、再エネ）の開発・普及が進み、欧米の研究者や政策担当者の間で「再エネの地政学（Geopolitics of Renewable Energy）」への関心が高まっている。その背景にあるのは、石油・天然ガスとは違った種類の再エネ固有の地政学リスクが高まっていることである。

１つ目は、太陽光発電（以下、ＰＶ）や風力発電、蓄電池や電気自動車（ＥＶ）などの再エネ技術にはリチウムやコバルト、レアアースなどが欠かせないが、その安定供給を巡って地政学リスクが顕在化していること。特に中国は、重要鉱物のサプライチェーン（供給網）、ＰＶパネルや風力発電タービン、ＥＶなどの製造能力で世界を圧倒している。

２つ目は、脱炭素社会を目指す世界ではクリーンエネルギー[3]技術に関連する産業の国際競争力が重要となるため、公的な規制や支援策などの問題が国家間の協力あるいは対立の要因となっていること。特に米欧日などと中国・ロシアの間では、技術移転や知的財産権を巡って緊張が高まりつつある。また、各国の脱炭素政策は、国際貿易における保護主義につながる誘因にもなる。例えば、米国のバイデン政権は、北米産ＥＶの製造に対して税額控除の優遇策を講じる一方、ＥＵは、産業競争力の公平化を理由に、鉄鋼やセメント、電力など炭素排出量の多い製品を対象に２０２６年から炭素国境調整措置（ＣＢＡＭ：Carbon Boundary Adjustment Mechanism）の導入を決めている。

３つ目は、再エネの急増で長期的に石油・天然ガス需要が減少するため、国家財政の大半を資源輸出に依存している産油・産ガス国は、国内経済の改革や産業構造の多角化に取り組まなければ、政治的、経済的な混乱が起きるリスクが高まること。その一方で、中東産油国のサウジアラビアやＵＡＥ（アラブ首長国連邦）などでみられるように、豊富な再エネ資源と炭素回収貯留（ＣＣＳ）など立地上の利点を活かして、水素・アンモニアや合成燃料イーフューエル（e-fuel：$CO_2$と水素を合成して製造する合成燃料）の輸出事業を進めれば、脱炭素燃料の輸出国として大きな役割を果たすことができる。

以上、述べてきたように、本格的な「クリーンエネルギー移行（Clean Energy Transition)」に向かう21世紀の世界は、従来の石油・天然ガスの地政学リスクと新たな再エネ固有の地政学リスクが連動する時代に入っているとみるべきである。このようななか、2023年5月の主要7カ国（G7）広島サミットの首脳声明では、ロシアのウクライナ侵略による現在のエネルギー危機に対処し、遅くとも2050年までにネットゼロ排出を達成するために、クリーンエネルギー移行を加速することの緊急性が強調された。

国土が狭く島国の日本は、石油・天然ガス資源が乏しいだけではなく、再エネ資源のポテンシャルでも国際的に比較劣位にあるが、再エネや原子力、蓄電池やEV、水素・アンモニア、CCSなどのクリーンエネルギー利用では、技術力と人材が極めて重要な役割を担う。世界が本格的な脱炭素社会に向かうなか、各国は国家と企業の命運を左右する低炭素技術の開発競争にしのぎを削っている。日本は、新旧2つの地政学リスクをチャンスに変えるためにも、クリーンエネルギー分野での技術開発と産業競争力の強化に向けて、官民学が連携して取り組むことが急務となっている。

【脚注】

（1）地政学とは、国土の地理的な位置や形が民族や国家の政治、経済、軍事、社会的な動向に与える影響をマクロに分析する学問のこと。1916年にスウェーデンの政治学者、ルドルフ・チェーレンによって提唱された。現代においても地政学は、国際政治やグローバル経済における国家の行動を説明するものとして重視されている。

（2）再生可能エネルギーとは、太陽光、風力、水力、地熱などの自然エネルギー、および木材や海藻、家畜排せつ物などのバイオマス（動植物に由来する有機性資源）を含むエネルギーを指す。本書では、原則として水力を除く自然エネルギーとバイオマスを再エネと定義し、水力を含む場合はその旨を明示している。

（3）クリーンエネルギーとは、再エネ、水力、原子力、CCS付きの化石燃料など、炭素排出ゼロのエネルギーを指す。

〈目次〉

## 第4章 脱炭素・脱ロシアを目指すEUのエネルギー政策 77

# 第 1 章

# なぜ再生可能エネルギーの地政学が重要か

18世紀後半に英国で始まった産業革命は、目覚ましい技術革新によって産業構造を大きく変化させ、現在の近代工業文明を切り拓いてきた。その原動力になってきたのが化石燃料である石炭、石油、天然ガスである。しかし、人間活動によって大量の二酸化炭素（$CO_2$）など温室効果ガスが排出された結果、地球環境に深刻な影響が現れるようになった。そのため人類は、現在の豊かな生活を維持しながら、化石燃料から再生可能エネルギー（以下、再エネ）や原子力などのクリーンエネルギーへの移行という大きな課題に挑戦している。

## 1-1 「パリ協定」で加速する世界の脱炭素化

気候変動は、地球の生態系を脅かす「地球安全保障」の問題として、今や人類共通の課題となっている。近年、世界各地で豪雨や熱波などの異常気象、台風やハリケーンの大型化、北極圏での記録的な高温と永久凍土の溶解などが起きている。さらに、地球温暖化が加速すれば、水資源や食糧不足に起因する国家間の争いや社会不安、また、海面上昇による大量の難民発生、感染症リスクの高まりなどが懸念されている。

地球温暖化は、人間活動の拡大により$CO_2$などの排出量が増えて、大気中の温室効果ガスの濃度が増すことで地表面の温度が上昇する現象である。温室効果ガスの代表格である大気中のCO$_2$濃度は、産業革命前（1750年頃）の平均的な値とされる278ppm（百万分率）から2021年には416ppmと50％も増加している。世界における石炭、石油、天然ガスなど化石燃料の消費拡大が続いている影響が大きい。

大気中の温室効果ガス濃度を安定化させるため、1992年に「国連気候変動枠組条約」が採択され、地球温暖化対策に世界全体が取り組むことで合意された。この条約に基づいて、1995年から毎年世界各国で国連が主催する「締約国会議（COP：Conference of the Parties）」が開催されている。1997年に京都で開催されたCOP3では、先進国の温室効果ガス排出量について、各国ごとに法的拘束力のある数値目標が設定された「京都議定書」で合意がなされた。

しかし、その後、登場した米国共和党のブッシュ第43代大統領は、温室効果ガスの排出削減は米国経済の成長を阻害するとして離脱を宣言した。その背景には、京都議定書は米国産業の国際競争力を弱めようとする欧州連合（EU）が仕組んだワナであり、「戦略的な競争相手」の中国やロシアに不当な利益を与えるものだとの根強い不信感があったと指摘されている。そのため、京都議定書に基づく削減効果がEUや日本など先進国の一部に限られる一方、削減義務のない新興・途上国の温室効果ガス排出量は大幅な増加傾向を続けた。主な先進国のエ

図1－1　主要国のエネルギー起源$CO_2$排出量の推移

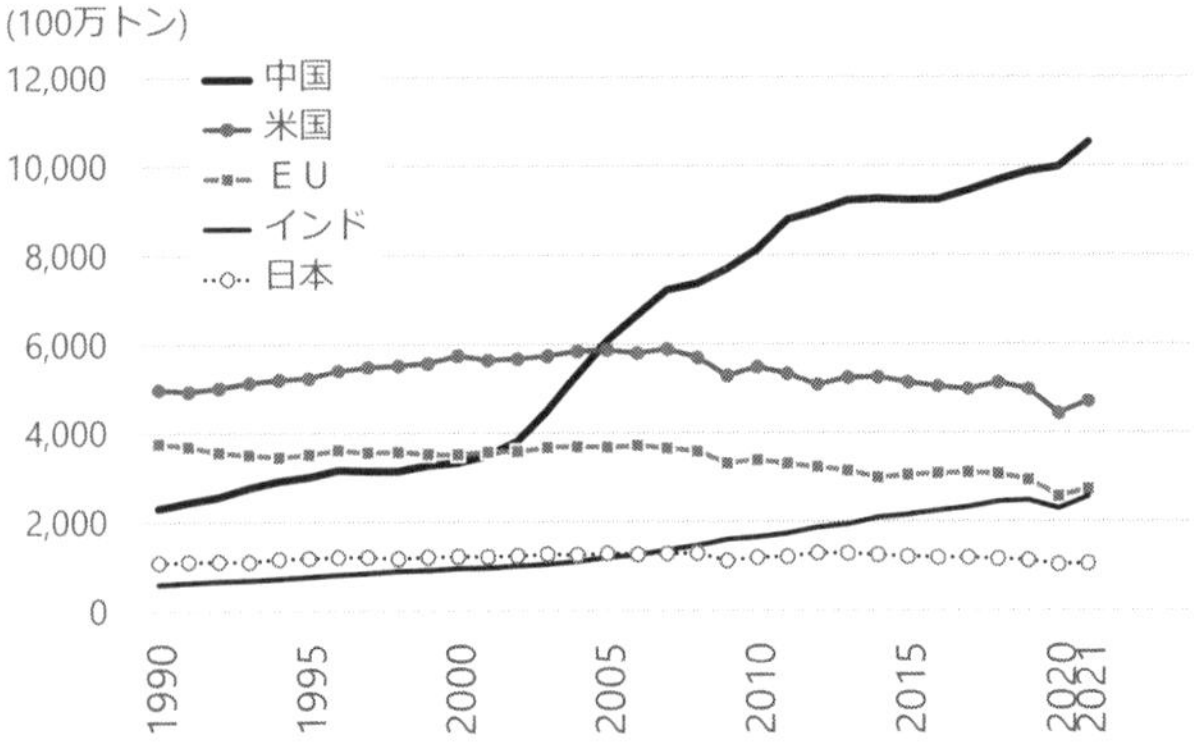


出所：「BP統計2022」を基に筆者作成

ネルギー起源$CO_2$排出量の推移をみると、米国は２００５年の約59億トン、EUは２００６年の約37億トン、日本は２００８年の約13億トンでピークを迎え、その後は緩やかな減少基調に転じている（図1－1）。

それに対して、目覚ましい経済発展を続けた中国では、急増する電力需要を賄うため石炭火力の新増設が相次ぎ、石油消費の高い伸びもあって、$CO_2$排出量は２００１年の約35億トンから２０２１年には約１０５億トンへと3倍に急増した。また、着実な経済発展を遂げてきたインドの$CO_2$排出量は、２００１年の約10億トンから２０２１年には約26億トンへ２・6倍に増加している。その結果、世界全体の$CO_2$排出量は、２００１年の２４０億トンから２０２１年には３４０億トンへと増加傾向を続けている。

このように京都議定書が事実上の機能不全に陥り、世界の$CO_2$を中心とする温室効果ガス排出量の増加に歯止めがかからないなか、２０１５年にパリで開催されたCOP21では、各国の利害対立を乗り越えて難航の末に「パリ協定」が成立した。京都議定書では、２０２０年までの世界の地球温暖化対策の目標が示されていたが、パリ協定は、２０２０年以降の将来の枠組みを定めて、京都議定書の後を継ぐものとして位置づけられた。また、京都議定書では「削減目標の達成」が義務とされていたのに対して、パリ協定では「温室効果ガス削減・抑制目標の策定と提出」が求められているが、目標達成は義務化されていない。その主な合意内容としては、次の５点が挙げられている。

1. 歴史上初めて、気候変動枠組条約に加盟する196カ国すべての国が削減目標・行動をもって参加することがルール化されたこと。
2. すべての国が、長期の温室効果ガスの低排出開発戦略を策定して提出するように努めること。
3. 世界共通の長期目標として、世界的な平均気温上昇を産業革命以前に比べて2℃より十分低く保つとともに、1.5℃に抑える努力を追求すること。
4. 長期目標の達成に向け、２０２３年以降、5年ごとに世界全体の進捗を確認すること。
5. 21世紀後半には、温室効果ガスの人為的な排出と吸収源による除去を均衡させるよう、排出量をできるだけ早期に頭打ちさせ、最新の科学技術を駆使して急激に削減させること。

## 1-2　相次ぐ世界主要国のカーボンニュートラル宣言

歴史的なパリ協定を受けて、世界各国で脱炭素社会の実現に向けた取り組みが加速している。米国、ＥＵ、英国、日本などの先進国は、２０５０年までに温室効果ガス排出量を正味ゼロにする「カーボンニュートラル（以下、ＣＮ）」を宣言し、２０３０年までの削減目標を相次いで引き上げた。世界最大の温室効果ガス排出国の中国は２０６０年、また、急激な増加を続けるインドは２０７０年のＣＮを表明している。

まず米国は、ＣＯＰ21におけるパリ協定の採択に大きく貢献したが、２０１７年に共和党のトランプ大統領が就任すると、早々にパリ協定から離脱するなど、気候変動問題に後ろ向きの姿勢をとった。それが、２０２１年に米国民主党のバイデン政権が誕生すると、２０５０年までのＣＮ目標の設定やパリ協定への復帰を果たし、気候変動分野で再び国際社会をけん引する方向へと政策を大転換した。その後、バイデン政権は、２０２１年11月には5年間で総額約1兆ドルのインフラ投資・雇用法を、翌年8月には10年間で総額約５０００億ドルのインフレ抑制法を成立させ、気候変動やエネルギー安定供給に資する投資への税額控除など、脱炭素社会の構築と雇用促進に取り組んでいる（第５章を参照）。

脱炭素化で世界をけん引してきたＥＵは、２０１９年12月に「欧州グリーンディール」を公表し、２０５０年までにＣＮを目指しつつ、経済成長を実現する新たな成長戦略を発表した。気候変動への対応を中心軸に置きながら、エネルギー、産業、運輸、資金、農業・食料など幅広い分野を対象として、ＥＵの経済・社会政策を含む多面的な戦略としての性格を持っている（第４章を参照）。それを受けて、２０５０年のＣＮ目標は、２０２１年４月に欧州理事会および欧州議会での合意を経て法制化されることになった。

英国は、２００８年の気候変動法において、２０５０年までに温室効果ガス排出量を１９９０年比で80％削減するとしていたが、これを２０１９年６月に改正して、主要国の中で最も早くＣＮ目標を法制化した。英国は、ＣＯＰ26の議長国として、パリ協定の１・５℃目標の達成に向けて、今世紀半ばのＣＮと、その重要な経過点となる２０３０年に向けて、野心的な対策を各国に求める「グラスゴー気候合意」の採択でリーダーシップを発揮したといえる。

日本は、２０２０年10月の国会での所信表明演説で、当時の菅義偉首相が２０５０年までにＣＮ、すなわち脱炭素社会の実現を目指すことを宣言した。成長戦略の柱に経済と環境の好循環を掲げて、もはや温暖化対策は経済成長の制約ではなく、産業構造や経済社会の変革をもたらし、大きな成長につなげるという「グリーン成長戦略」を打ち出した。また、翌年４月には、２０３０年度の新たな温室効果ガス削減目標として、２０１３年度に比べて46％削減することを目指すとの新たな方針を示した。

中国は、習近平国家主席が2020年9月の国連総会において、$CO_2$排出について2030年までにピークに達することを目指し、2060年までにCNの実現に向けて努力することを表明した。この目標は、中国では「3060目標」と呼ばれ、脱炭素政策における大きな転換点となった。

インドのモディ首相は、2021年11月に英国のグラスゴーで開催されたCOP26で、再エネの導入を加速することにより、非化石燃料による電源容量を現在の40%から2030年に50%を目指すこと、また、2070年までにはCNを達成すると表明した。インドがCNの具体的な時期に触れたのは初めてだが、目標達成には、先進国からの資金と技術の支援が必要不可欠であるともクギを刺している。

このようなパリ協定の合意の下で国際社会では、今世紀後半に世界全体の温室効果ガス排出量を実質的にゼロにすること、つまり、「脱炭素」を目指す動きが活発化しており、再エネや水力、原子力、水素・アンモニア、CCSなどのクリーンエネルギー開発への期待が一段と高まっている。

図１−２　世界の再エネ（水力を除く）発電量の推移

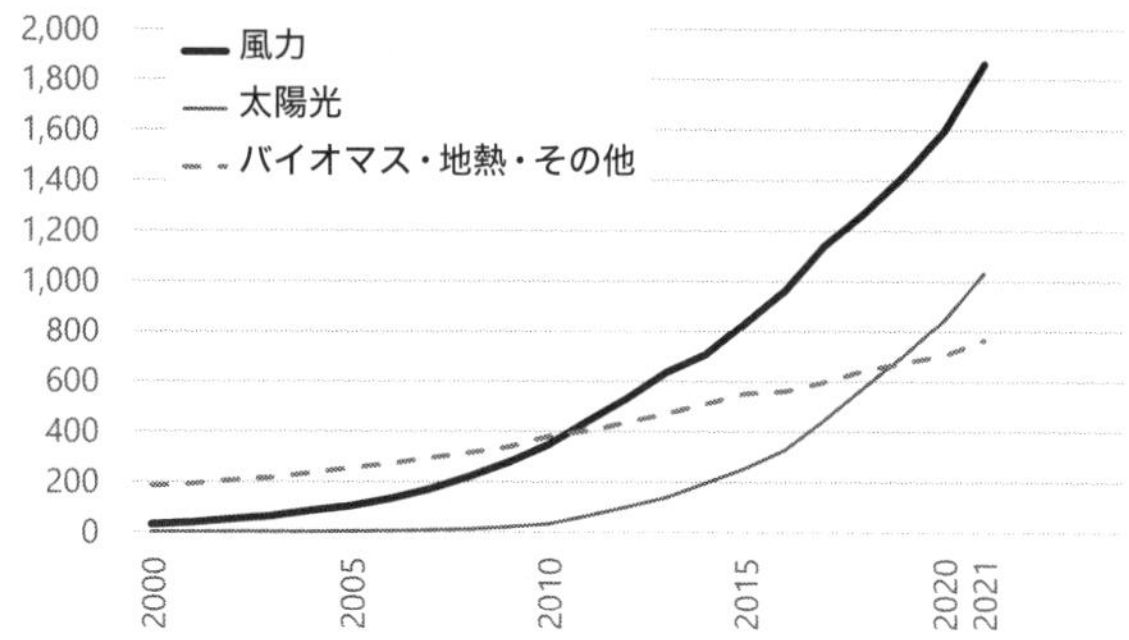


出所：「BP統計2022」を基に筆者作成

# １−３　世界で急拡大する再エネ開発と躍進する中国

２０１５年にパリ協定が合意される前から、すでに世界各国では再エネの風力発電やＰＶの導入が急速な広がりをみせていた。世界の風力発電量の推移をみると、２０１０年の３４６０億キロワット時から２０１５年には８３１０億キロワット時に、２０２１年には１兆８６２０億キロワット時へと11年間で約５・４倍に急増している（図1−2）。

21世紀に入った最初の約10年間は、風力発電の開発でドイツやスペイン、英国など欧州諸国と米国が世界の過半を占めていた。しかし、その後は中国の導入が加速し、２０２１年の設備容量は３億２９００万キロワットと世界全体の40％を占めるようになっている（表1−1）。中国を除く国別の設備容量をみると、米国が第２位の

表１−１　主要国の風力発電と太陽光発電（2021年）

| | 風力発電 | | 太陽光発電 | |
|---|---|---|---|---|
| | 容量（GW） | 発電量（TWh） | 容量（GW） | 発電量（TWh） |
| 中国 | 329.0 | 655.6 | 306.4 | 327.0 |
| 米国 | 132.7 | 383.6 | 93.7 | 165.4 |
| ドイツ | 63.8 | 117.7 | 58.5 | 49.0 |
| 日本 | 4.5 | 8.2 | 74.2 | 86.3 |
| インド | 40.1 | 68.1 | 49.3 | 68.3 |
| 世界合計 | 824.9 | 1861.9 | 843.1 | 1032.5 |

出所：「BP統計2022」を基に筆者作成

１億３２７０万キロワット、次いでドイツが６３８０万キロワット、インドが４０１０万キロワットで、日本は４６０万キロワットにとどまっている。

世界のＰＶ発電量は、２０１０年の３４０億キロワット時から２０１５年には２５５０億キロワット時、２０２１年には１兆３３０億キロワット時と風力発電を上回るテンポで導入が進んでおり、すでに伝統的な再エネ発電であるバイオマス（生物資源）・地熱発電を超える規模となっている（図１−２）。

ＰＶの設備容量を主要国別にみると、２０１０年には、ドイツが１８００万キロワット、スペインが３９０万キロワット、イタリアと日本がそれぞれ３６０万キロワットで、この４カ国で世界の発電容量である約４０００万キロワットの73%を占めていた。その後、中国は、風力発電と同様に、国策としてＰＶの開発を進めた結果、２０２１年の設備容量は３億６４４０万キロワットを占め、米国の９３７０万キロワット、日本の７４２０万キロワット、ドイツの５８５０万キロワット、インドの４９３０万キロワットの4カ国の合計を超える導入量となっている（表1―1）。

さらに、BP統計によると、世界のクリーンエネルギー（再エネ、水力、原子力）の導入量は、2021年には再エネが3兆6570億キロワット時、水力が4兆2700億キロワット時、原子力が2兆8000億キロワット時で合計が10兆7270億キロワット時に達しており、総発電量28兆4660億キロワット時の37・7％を占めており、今後とも着実に増加を続けることが確実視されている。

## 1―4 再エネ投資が急増する背景

国際エネルギー機関（IEA）は、2022年12月に「再生可能エネルギー2022」を発表したが、その中で2027年までの5年間に導入される再エネ設備の容量は、前年の予測に比べて約3割も増加するとしている。IEAの主要ケースでは、2022～2027年の間に再エネの設備容量は約24億キロワット（今日の中国の全発電容量に相当する規模）の増加が見込まれるとしている。このような世界における再エネ開発の大きな推進力としては、次の3点が挙げられる。

１つ目は、再エネが急増している多くの国々では公共政策として再エネの導入目標が設定され、その実現に向けて積極的な支援策が講じられてきたことである。ドイツやスペインなどＥＵや日本では、導入初期において固定価格買取制度（ＦＩＴ制度）などが普及拡大に大きな役割を果たした。米国では、連邦レベルでは再エネの発電量に応じた税控除や再エネ投資への税額控除などの優遇税制、また、多くの州レベルでは供給電力の一定割合を再エネ電力で賄うことを義務づける「再エネ利用基準制度（ＲＰＳ）」が導入されてきた。さらに、中国では、政府が２００６年に施行した「再生可能エネルギー法」に基づいてＦＩＴ制度や発電事業者に対する再エネ導入の強制的割当制度などが導入されてきた。

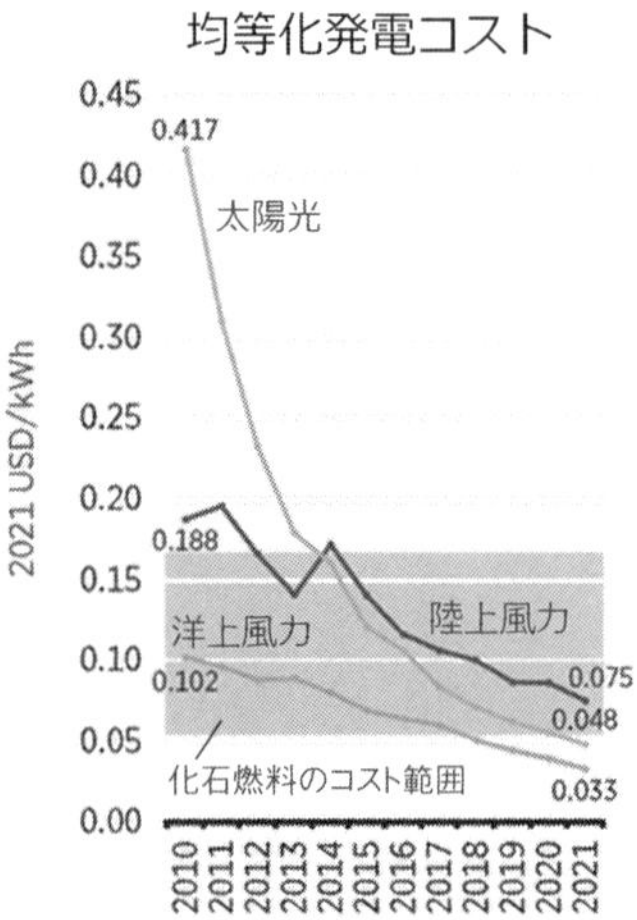


２つ目は、風力発電やＰＶ、蓄電池やＥＶなどの技術革新と規模の経済性も相まって、急激な供給コストの低下が見られたことである。国際再生可能エネルギー機関（ＩＲＥＮＡ）によると、２０２１年の再エネの均等化発電コストは２０１０年に比べて、ＰＶで88％削減、陸上風力で68％削減、洋上風力で60％削減されるなど、バイオマスや地熱、水力

図1-3　世界平均の再エネの建設費・設備利用率・均等化発電コスト

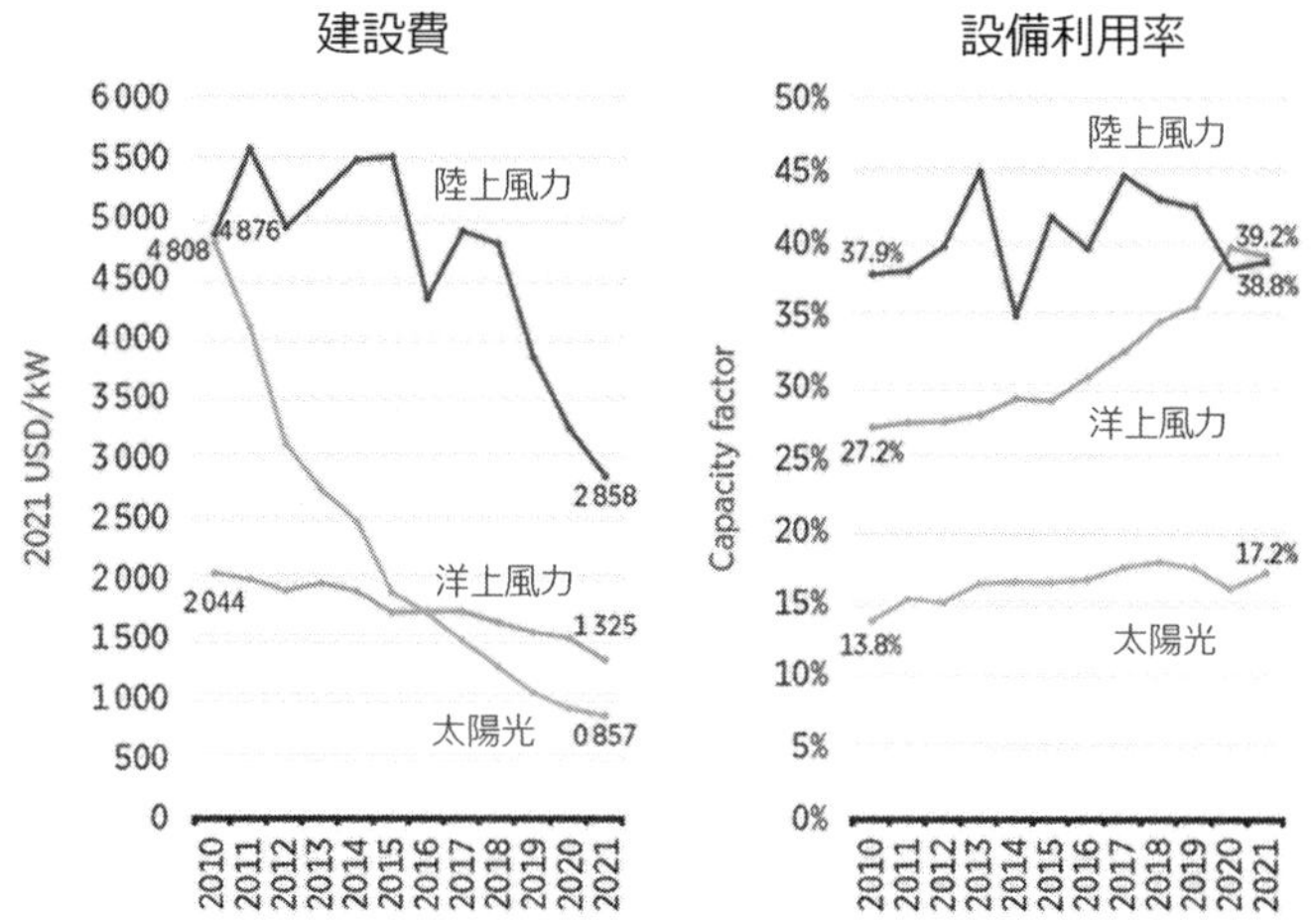


出所：IRENA, "Renewable Power Generation Costs in 2021", July 2022

などに比べて著しいコスト低減が実現されたとしている（図1-3）。また、デジタルトランスフォーメーション（DX）の目覚ましい進展がエネルギーシステムの分散化と電化を促進し、火力発電に対する技術的、経済的な競争力を大幅に改善してきたといえる。

3つ目は、カーボン・フットプリント[1]の抑制を求める企業や投資家、株主の圧力が強まり、消費者の間でも低炭素製品やサービスを選択し購入する傾向が広がっていることである。このようななか、2014年9月に米国ニューヨーク市で開催された気候週間で、事業活動で消費する電力の100%を再エネで調達することを目標とする国際的イニシアティブであるRE100[2]が発足し、その後、世界の大手企業が相次いで参加している。

また、欧米の金融機関や投資家が持続可能な開発目標（ＳＤＧｓ）[3]とグリーン投資を促進する動きを強めるなか、２０１５年には「気候関連財務情報開示タスクフォース」と呼ばれるＴＣＦＤ[4]が設立された。その目的は、投資家などに適切な投資判断を促すため、一貫性と比較可能性、信頼性と明確性をもった気候関連の財務情報開示を企業に求め、財務諸表だけでは見えない、気候変動による企業の潜在的リスクを見える化することだとされている。

このようななか、Ｇ７広島サミットの首脳宣言では、エネルギー安全保障、気候危機、地政学リスクに一体的に取り組むため、省エネの促進と同時に、再エネの導入や次世代技術の開発・実装を加速させる必要性が強調されている。そのため、Ｇ７は、２０３０年までに洋上風力の容量を合計で１億５０００万キロワット（２０２１年実績の約８倍）増加、ＰＶの容量を合計で10億キロワット以上（同３倍強）増加させ、再エネの世界的な導入拡大とコスト引き下げに貢献するとしている。

## 1-5　ウクライナ戦争で加速するクリーンエネルギー移行

２０２２年２月に始まったロシアによるウクライナ侵略は、世界のエネルギー情勢を一変させている。1970年代の2度のオイルショックを「エネルギー危機1・0」とすれば、現在のウクライナ戦争による石油、天然ガス・液化天然ガス（LNG）、石炭の供給不安と価格高騰は、「エネルギー危機2・0」といえる。震源地であるロシアは、サウジアラビアと並ぶ石油の輸出大国であり、世界最大の天然ガス（LNGを含む）輸出国でもあるからだ。

今回のエネルギー危機は、脱炭素化を進めると同時にエネルギー安全保障の確保がいかに重要か、各国の政府・企業・消費者に改めて再認識させる契機となっている。ロシア産ガスの輸入に大きく依存していた欧州諸国では、深刻な「ガス危機」に直面して、一時的に石炭の利用拡大など脱炭素化に逆行する動きもみられるが、再エネ導入の加速や原子力の利用拡大など、中長期的にはクリーンエネルギーへの移行が促進されそうだ。

化石燃料の供給不足が深刻化したことで、多くの国々では自給可能な再エネ電力や原子力の安全保障上のメリットが強く認識され、再エネや原子力への支援策が強化されている。また、化石燃料価格の高騰によって、火力発電に対する風力発電とPVのコスト競争力が向上していることもプラス要因になっている。

特にEUは、2022年5月に「リパワーEU（REPowerEU）」計画を発表し、2027年までにロシア産化石燃料への依存をゼロにすることを目標に掲げた。クリーンエネルギー移行の加速と省エネルギー、エネルギー調達の多角化を進めることで、脱炭素化と化石燃料の脱ロシアを同時に実現するとしている。そのなかで、再エネ開発には特に大きな期待がかけられている。すでにドイツやスペインでは、再エネ電力の導入目標を引き上げ、その実現に向けて風力発電やPVの許認可の合理化や経済的な支援策の強化を進めている。

## 1‐6 エネルギー移行で浮上する新たな地政学リスク

世界で加速する再エネ開発は、エネルギー移行を主導する役割を果たしているが、同時に新たな地政学リスクを増す要因にもなっている。最大の理由は、今や中国がPVや風力発電、蓄電池やEVなど再エネ分野で技術覇権を確立しつつあるからだ。

第2章で詳しく述べるが、米中対立が激しさを増すなか、再エネ関連技術に欠かせない重要鉱物の安定確保、知的財産権の保護や機器仕様の世界標準化、脱炭素政策に伴う保護貿易主義的な動きなど、すでにエネルギー移行を巡って主要国の間で利害対立が表面化している。

石油・天然ガス・石炭は、地球温暖化の最大の要因とみられているが、第2次世界大戦後の国際秩序の土台を支え、世界経済にとって血液のような役割を担ってきた。BP統計によると、2021年時点で世界の1次エネルギー消費に占める化石燃料の割合は82％、うち経済協力開発機構（ＯＥＣＤ）諸国では77％と低下傾向にあるが、非ＯＥＣＤ諸国では85％と高水準で推移している。このような世界のエネルギーシステムを急速に変革しようとすると、予測できないような政治的、経済的な混乱が起きるリスクが高まる。

そのため、クリーンエネルギー移行をできるだけ円滑に進めるには、世界各国の緊密な協力と協調がますます必要となっている。しかし、現実は、ウクライナ戦争で露呈しているように、米欧日などの民主主義国家と中国・ロシアなどの権威主義国家との対立が一段と先鋭化しており、世界の分断化が進んでいる。そのようななか、両陣営とは一定の距離を置くインドをはじめとするアジア・中東・アフリカ・中南米諸国など「グローバルサウス」と呼ばれる新興・途上国が存在感を高めている。

例えば、今回のロシアによるウクライナ侵略に対して、米欧日などは経済制裁の一環としてロシア産原油の輸入禁止措置を講じている。しかし、制裁に不参加の中国やインドは、大幅に値引きされたロシア産原油を大量に輸入しており、また、多くのアジア・中東・アフリカなどの新興・途上国は、「影の船団」と呼ばれる所有者や行き先が判然としないタンカーで輸入していると報じられている。

そのようななか、３期目に入った中国の習近平政権は、西側諸国による対中国包囲網に対抗して、米欧日の分断化やグローバルサウスへの働きかけを強化している。その中国は、過去10

年ほどの間に、再エネ分野で一気に世界の主導権を握ったことで、今後は東南アジア諸国連合（ＡＳＥＡＮ）や中東・アフリカ・中南米諸国との政治的、経済的な関係を強化する有効な手段として、再エネ分野での強みを最大限に利用するとみられる。

## 1−7　新旧のエネルギー地政学リスクが連動する時代

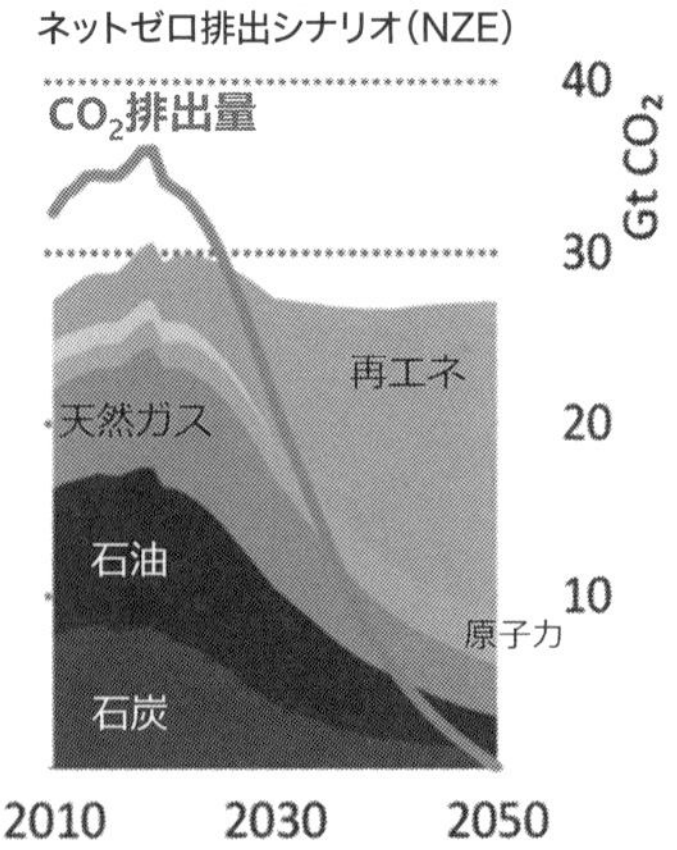


今後、世界では、脱炭素社会の実現に向けて、石炭を筆頭に化石燃料の消費を抑制する動きが加速する。しかし、留意すべきことは、少なくとも今後数十年は続くエネルギー移行期において、世界は石油と天然ガス供給に相当量を依存することである。２０２１年にＩＥＡが発表した「世界のエネルギー展望」[5]によると、すでに各国が宣言している野心的な脱炭素政策を反映したシナリオでは、２０５０年においても化石

図1-4　世界の1次エネルギー供給の3つのシナリオ（IEA）

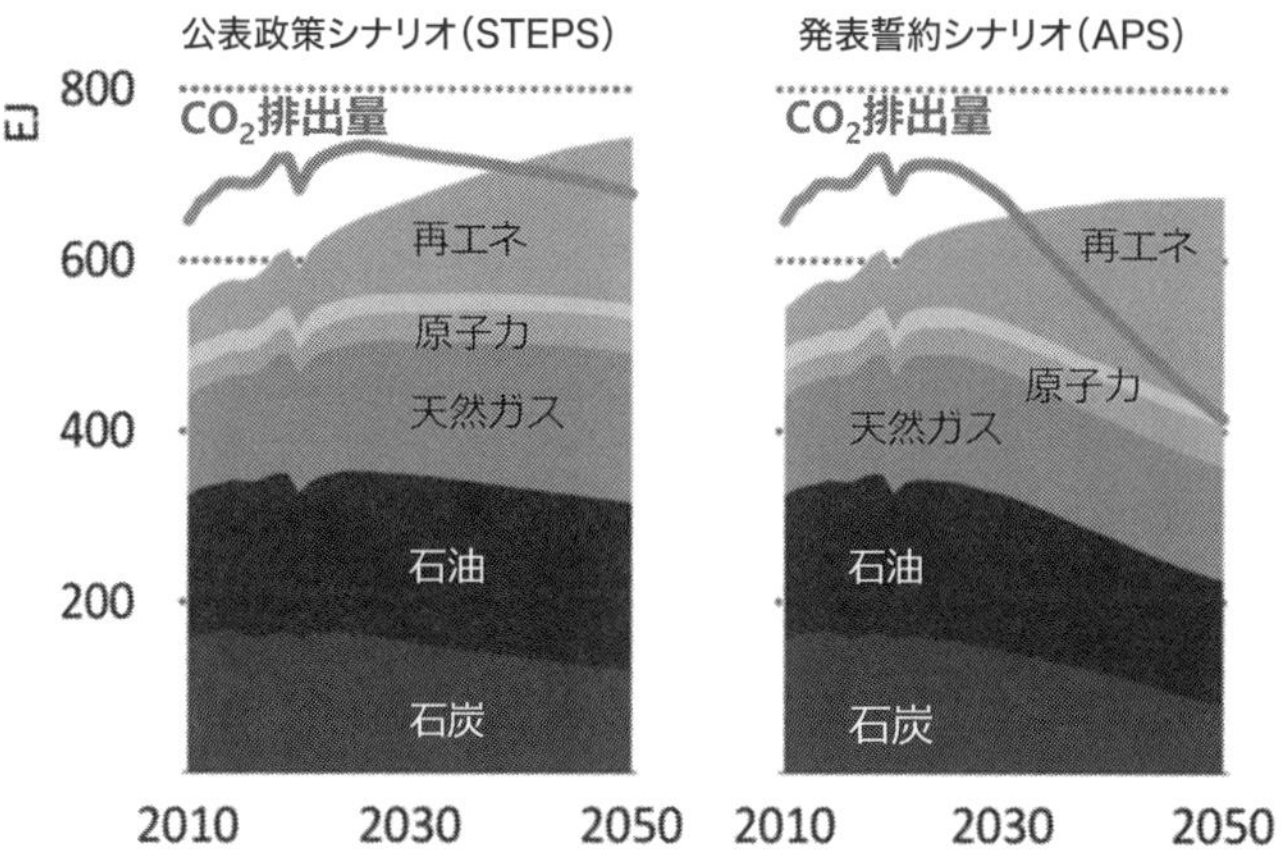


出所：IEA, “World Energy Outlook 2021”, Oct. 2021

燃料がエネルギー供給全体の半分以上を占めるとしている。また、炭素排出ネットゼロのシナリオにおいても、2050年でも約25%を化石燃料に依存するとみている（図1-4）。

世界でクリーンエネルギー移行への関心が高まるなか、米国共和党のトランプ政権が登場した2017年から現在に至るまで、石油とガスの供給基地である中東およびロシアでは、大きな地政学的な変動が相次いで起きている。

まず、中東地域では、2018年5月に当時のトランプ大統領が、イランが核開発を進めているとして、「イラン核合意」[6]からの離脱を宣言し、原油の輸出禁止を含む厳しい経済制裁を科した。その翌年の9月には、サウジアラビア東部の油田や原油処理施設が大規模なテロ攻撃を受けたが、使用されたドローン（無人航空機）と巡航ミサイルが最新型のイラン製であったため、米国とサウジアラビアは、イランの関与は確実であると強く非難した。また、２０２０年９月には、トランプ大統領の仲介で、ＵＡＥ・バーレーンのアラブ２カ国が、長年の敵対国であったイスラエルとの国交を回復することになった。

サウジアラビアもイラン対策としてイスラエルとの関係改善を進めていたが、２０２１年１月に米国民主党のバイデン政権が誕生すると状況は一変した。米国は、シェール革命によって石油・天然ガスの輸出国となる一方、サウジアラビアの人権問題を強く批判したこともあり、米国とサウジアラビアの関係は急速に冷え込んだ。その間隙をぬって中国は、２０２３年３月に７年間にわたり国交を断絶していたサウジアラビアとイランの外交関係の正常化で仲介役を果たし、世界を驚かせた。中国にとってイランは、米国と激しく対立している点で利害が一致している。また、サウジアラビアにとって、中国は最大の原油輸入国であると同時に、脱石油時代に向けて再エネ発電や水素燃料の開発でも協力が得られるからである。米国が中東離れをみせるなか、中国は影響力を高められる好機到来と捉えているのである。

一方、ロシアは、米国のシューール革命を契機に原油価格が急落すると、２０１６年には、プーチン大統領はサウジアラビアのサルマン国王と会談し、石油市場の安定化のため、両国が中心になって「ＯＰＥＣプラス」(7)の協調減産の体制を構築することで合意した。この枠組みは、その後の新型コロナ禍で急落した原油価格を立て直すのに大きな成果を挙げるなど、国際石油市場におけるサウジアラビアとロシアの影響力を高める有効な手段となっている。

しかし、西側諸国は、ウクライナに侵略したロシアに対して厳しい経済制裁を科しているため、欧米メジャー（国際石油資本）は、北極圏やサハリン沖で操業中の石油・ガス事業や新規のLNG開発から撤退を始めている。また、ロシアは、最も重要な石油とガスの輸出先である欧州市場を失い、今後は長い年月と多大な費用をかけて代替輸出先となる中国の「ジュニア・パートナー」に甘んじる可能性が高い。さらに、中長期的にはクリーンエネルギー移行で、最大の国庫歳入源である石油と天然ガスの輸出が先細りとなり、ロシア経済は衰退の道を辿りそうである。今後の先行きは不透明だが、ロシアの政治的、経済的な混迷が続けば、世界の石油・天然ガス供給にとっては大きな地政学リスクの要因となるだろう。

このように世界のエネルギー移行期である今後数十年は、石油や天然ガスを巡る従来の地政学リスクと、再エネ開発の急拡大に伴う新たな地政学リスクが連動する不安定な時代になる。クリーンエネルギー移行は、新しい国力の源泉にもなると同時に、新しいリスクと不確実性を招き入れるからである。その意味では、野心的すぎる気候変動対策がエネルギーの供給不安や価格高騰につながれば、エネルギー移行を大幅に遅らせることにもなりかねない。

## 1-8 資源輸出国で期待が高まる水素・アンモニア

世界は、2050年のCNに向けて、徹底した省エネに加えて再エネ電力や原子力などクリーンエネルギーの導入に全力を挙げているが、近年は水素・アンモニアに大きな注目が集まっている。その主な理由を需要者サイドからみると、鉄鋼やセメント、石油化学などの業種では高温帯の熱需要を必要とするが、電力では経済的、熱量的に供給が難しいこと。また、将来は変動型の再エネ電力が主力電源になるとみられているが、電力の需給調整には一定規模の火力電源が必要であること。化石燃料に代わって、これらのニーズに応えられる脱炭素燃料として、水素・アンモニアに対する期待が高まっているのである。

一方、供給者サイドからみると、脱化石燃料が一気に進むと、国家財政の過半を石油・天然ガス収入に依存している資源輸出国では経済を直撃され、政治的、社会的な混乱につながる恐れがある。中東やアフリカ、豪州内陸のような砂漠地帯では、太陽光が豊富でかつ未利用の遊休地が多いため、メガソーラー（大規模太陽光発電）の設置が比較的容易で低コストでもある。さらに、既存の化石燃料の輸出インフラを活用できるなど、立地条件でも大きな利点を持っている。

すでに中東のサウジアラビアやＵＡＥは、日本や韓国企業と協力して、天然ガスとＣＣＳを活用して製造するブルー水素・アンモニア、また、ＰＶや風力発電の電力で水を電気分解して得られるグリーン水素・アンモニアの開発プロジェクトを進めている。さらに、豪州は、日本企業と連携して褐炭からのブルー水素・アンモニアやＰＶからのグリーン水素・アンモニア開発にも取り組んでいる。

化石燃料のクリーンな代替源として水素・アンモニアの利用拡大は、エネルギー移行を円滑に進めるうえで、資源輸出国の経済の安定化と同時に、世界の脱炭素化にも大きく貢献できる可能性を秘めている。

【脚注】

（1）カーボン・フットプリントは、「Carbon Footprint of Products」の略称。商品やサービスの原材料調達から廃棄・リサイクルに至るまでのライフサイクル全体を通して排出される温室効果ガスの排出量を$CO_2$に換算して、商品やサービスにわかりやすく表示する仕組みである。

（2）RE100は、「Renewable Energy 100%」の略称。2022年3月現在で世界24カ国から356社が加盟している。国別参加企業数では、日本は米国の93社に次ぐ66社が参加している。主な参加企業は、米国のアップル、マイクロソフト、グーグル、スターバックスコーヒーなど、また、日本のリコー、積水ハウス、ソニー、イオン、アスクル、富士通などである。

（3）持続可能な開発目標（SDGs）は、「Sustainable Development Goals」の略称。2015年9月の国連サミットで採択され、国連加盟193カ国が2016年から2030年の15年間に達成するため、17の目標を掲げている。1番目は「貧困をなくそう」、7番目が「エネルギーをみんなに、そしてクリーンに」、13番目が「気候変動に具体的な対策を」、17番目が「パートナーシップで目標を達成しよう」となっている。

（4）「気候関連財務情報開示タスクフォース」と呼ばれるTCFDは、「Task force on Climate-related Financial Disclosures」の略称。金融システムの安定化を目指す国際的組織の「金融安定理事会（FSB）」によって、2015年に設立され、各企業の気候変動への取り組みを具体的に開示することを推奨している。

（5）IEAが示した3つのシナリオの考え方

・公表政策シナリオ（STEPS）：政府が何を達成するかではなく、設定した目標や目的を達成するために実際に何をしているかをみており、これがエネルギー部門をどこに導くのかを評価するもの。

・発表誓約シナリオ（APS）：現在発表されているすべてのエネルギーと気候に関するコミットメントが、完全かつ時間どおりに実施された場合、エネルギー部門がどこに向かうのかを検証するもの。

・ネットゼロ排出シナリオ（NZE）：世界の平均気温を1.5℃に安定させ、主要なエネルギー関連の国連持続可能な開発目標（SDGs）を達成する方法を示すもの。

（6）「イラン核合意」は、米国のオバマ前政権時代の2015年7月に国連安保理・常任理事国5カ国プラス・ドイツ／EUとイランとの間で結ばれたイラン核開発問題に関する包括的共同作業計画（Joint Comprehensive Plan of Action）であるイラン核問題に関する最終合意。

（7）主要産油国が石油の供給量を協力して調整し、石油価格の安定を目指す枠組み。ＯＰＥＣ（Organization of Petroleum Exporting Countries、石油輸出国機構）加盟国と、ロシアなど非加盟国が２０１６年12月に設立で合意した。

# 第2章

# 再生可能エネルギーの地政学リスク

第1章では、パリ協定を大きな契機として、世界各国が再エネ開発を巡って激しい競争を繰り広げており、今や中国がＰＶや風力発電、蓄電池やＥＶなど再エネ分野で技術覇権を確立しつつあること、その結果、従来の石油・天然ガスの地政学リスクに加えて、クリーンエネルギー移行に伴う新たな地政学リスクが顕在化していることを指摘した。この章では、現在直面している再エネを巡る新たな地政学リスクについて、その実態と課題をより深く掘り下げていきたい。

## 2-1　化石燃料と比較した再エネの地政学リスクの特徴

再エネの地政学リスクを分析するに際しては、従来からの化石燃料を巡る地政学リスクと比較検討すると、その特徴を理解しやすい。

1つ目は、化石燃料資源は一部の地域に偏在しているが、それに比べると再エネ資源は世界中で広く利用できること。石油ではサウジアラビアなど中東湾岸諸国とロシアが、また、天然ガス・ＬＮＧではロシアと米国、カタール、豪州などが主要な輸出国・地域となっている。

それに対して、ＰＶや風力発電では、化石燃料に比べて資源賦存の地域的な偏りは小さいが、日照量の豊富さや風況の安定性などの地理的条件、また、大規模なメガソーラーやウインドファームの立地に適した土地や海域の広さによって、導入可能量や経済性が大きく左右される。中国と米国が、PVと風力発電の導入量で世界のツートップを占めている大きな要因でもある。

中東やアフリカ、豪州内陸や南米チリ北部のような砂漠地帯では、年間の日照量が多く、かつ未利用の遊休地が多くあるため、近年はメガソーラーの設置が急増している。これらの国・地域では、水素・アンモニアなどの開発事業が進められており、将来は主要なイーフューエルの輸出国になりそうである。その結果、再エネは石油・天然ガスに比べて燃料の供給源の分散化につながり、地政学リスクを軽減させることになる。

2つ目は、石油や天然ガスの安定供給にとって、輸出国から消費国までの石油やLNGタンカー、あるいはパイプラインによる輸送路の安全確保が欠かせないが、再エネは基本的に国産資源であり輸送リスクがないこと。今回のウクライナ戦争でもみられるように、ロシアは天然ガスを「政治的武器」に使い、欧州諸国向けのパイプラインによる天然ガスの輸出をほぼ全面的に停止する行動に出ている。

それに対して、再エネの供給量は自然条件で大幅に変動するが、人為的、意図的に遮断されるリスクはほとんどない。その代わりに、太陽光や風力エネルギーを電気エネルギーに変換するのに必要なPVパネルや風力タービン、蓄電池などの安定供給の確保が重要となる。たとえ、これらの再エネ関連設備をすべて国産化できるとしても、設備の製造には多くの重要鉱物(critical minerals)を使うため、そのサプライチェーン(供給網)をどのように確保できるかが新たな地政学リスクとなる。

3つ目は、石油や天然ガスでは「OPECプラス」のような少数の輸出国が強い市場支配力を持っているが、急成長を続ける再エネ関連分野では、多様な新規参入者との市場競争が激しくなっていること。そのため、再エネ分野の投資企業にとっては、イノベーション(技術革新)による新技術の開発と供給コストの低減が生死を決する要因となっている。各国政府は、自国の再エネ産業の国際競争力を維持・強化するため、さまざまな支援策を打ち出しており、知的財産権や貿易政策などを巡る国家間の対立が起きるリスクが高まっている。

このように世界では、再エネ開発が急速に進むことに伴って、従来の石油・天然ガスとは異なった種類の新しい地政学リスクの懸念が高まっており、次にその実情をみてみたい。

## 2-2 再エネ開発に欠かせない重要鉱物

世界の脱炭素化に向けて、PVパネルや風力タービン、蓄電池やEVなどの利用拡大が進め

**表2–1　再エネや蓄電池などに多く使われる重要鉱物資源**

| システム・要素技術 | | | 必要となる主な鉱物資源 |
|---|---|---|---|
| 再生可能エネルギー | 発電・蓄電池 | 風力発電 | 銅、アルミ、レアアース |
| | | 太陽光発電 | インジウム、ガリウム、セレン、銅 |
| | | 地熱発電 | チタン |
| | | 大容量蓄電池 | バナジウム、リチウム、コバルト、ニッケル、マンガン、銅 |
| 自動車 | 蓄電池・モーターなど | リチウムイオン電池 | リチウム、コバルト、ニッケル、マンガン、銅 |
| | | 全固体電池 | リチウム、ニッケル、マンガン、銅 |
| | | 高性能磁石 | レアアース（ネオジム、ジスプロシウムなど） |
| | | 燃料電池（電極、触媒） | プラチナ、ニッケル、レアアース |
| | | 水素タンク | チタン、ニオブ、亜鉛、マグネシウム、バナジウム |

出所：経済産業省資源エネルギー庁「2050年カーボンニュートラル社会実現に向けた鉱物資源政策（2021年2月15日）」を基に筆者作成

ば、「ベースメタル」の銅、「レアメタル（稀少金属）」[1]と呼ばれるリチウム、ニッケル、コバルト、レアアース（希土類）など重要鉱物の安定確保が重要な課題となる（表2–1）。

　主な用途をみると、銅は電導率が高くて加工しやすいことから、PVや風力発電、蓄電池、EV，電力網（グリッド）など用途が多岐にわたり、電化社会には欠かせない重要鉱物である。特に風力発電では、ケーブル、ブースター、スイッチ設備など使用する範囲が広く、洋上風力では、陸上風力の約3倍もの銅が必要になるとみられている。

　また、リチウム、ニッケル、コバ

ルトは、蓄電池の性能や寿命、エネルギー密度を左右する重要な鉱物で、世界的に需要が急増している。変動性のＰＶや風力発電、ＥＶの急拡大によって、高性能の蓄電池へのニーズが一段と高まっているからである。

さらに、レアアースは、合金に少量添加するとその材料の機能を飛躍的に向上させることができるため、「産業のビタミン」ともいわれている。例えば、ネオジム（Nd）やジスプロシウム（Dy）を少量添加すれば磁性が飛躍的に高まるため、これまで大容量ハードディスクなどに利用されてきたが、現在では風力発電やＥＶのモーターに使われる高性能磁石の製造にとって不可欠になっている。

２０２１年5月にＩＥＡが発表した報告書「クリーンエネルギー移行における重要鉱物の役割（The Role of Critical Minerals in Clean Energy Transitions）」では、２０４０年までに必要となる重要鉱物の需要は２０２０年に比べて4倍から6倍に急増すると分析している。中でもリチウムは２０４０年までに約40倍、コバルト、ニッケルはそれぞれ約20倍、レアアースは7倍が必要になるとしている（図２-１）。

図2-1　クリーンエネルギー移行における重要鉱物の役割

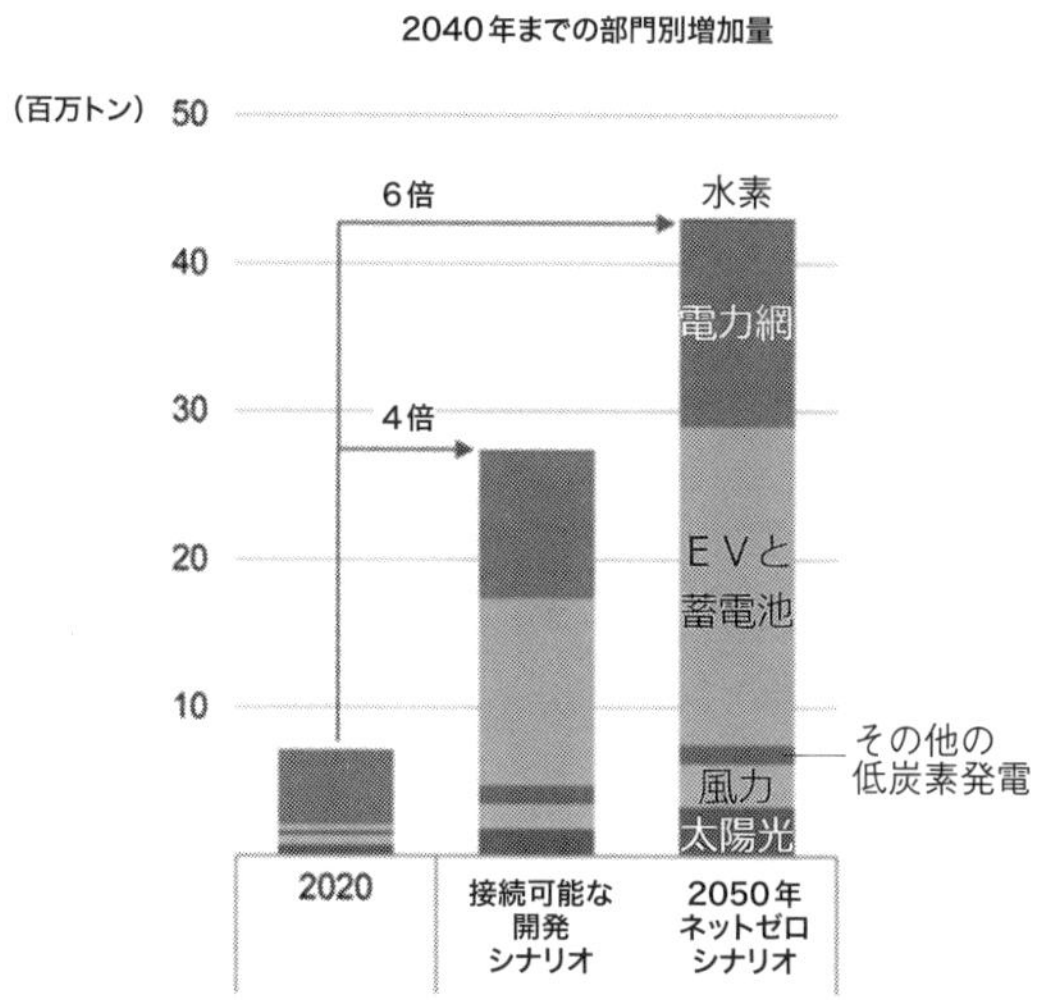


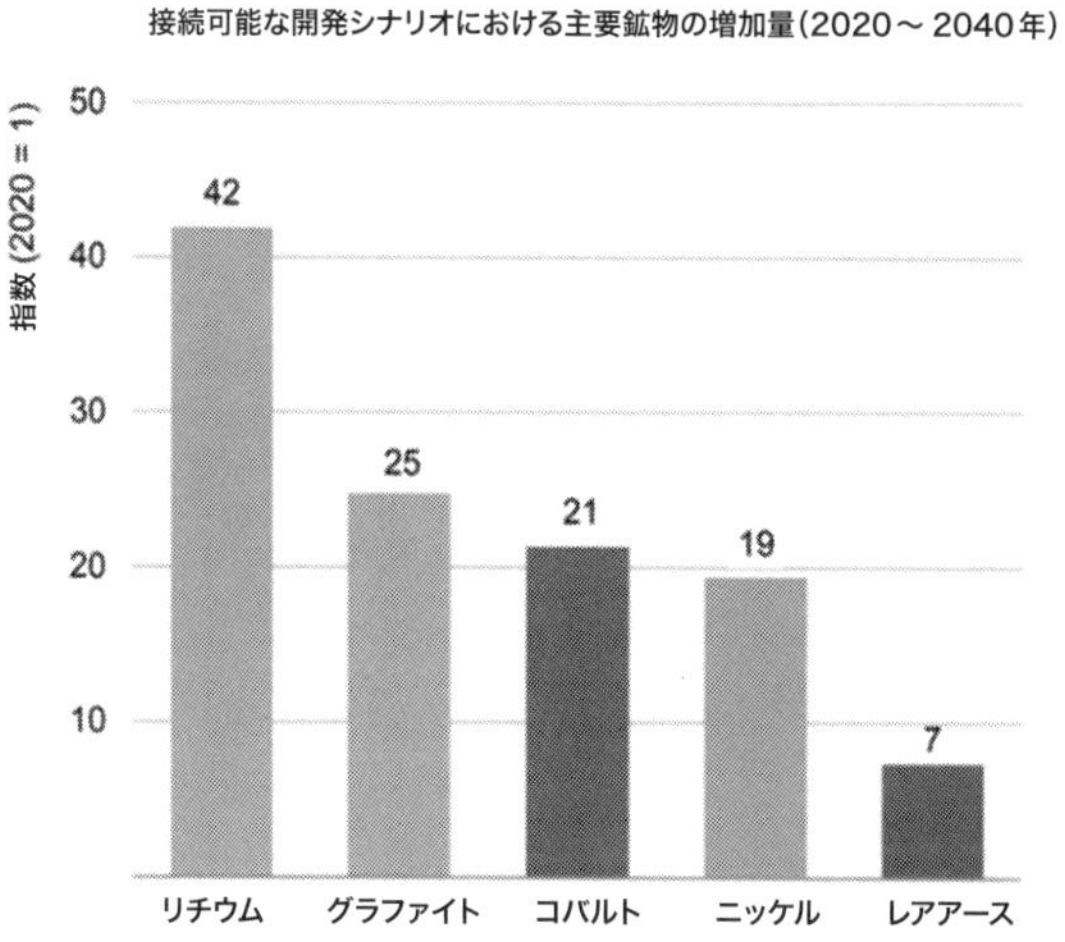


出所：IEA, “The Role of Critical Minerals in Clean Energy Transitions”, May 2021

## 2-3 高まる重要鉱物の供給不安と中国の影響力

ＩＥＡは同報告書において、これらの重要鉱物の安定供給を巡って、多くの懸念すべき問題が起きていると指摘している。まず銅については、稼働中の鉱山では鉱石の品質低下と資源枯渇によって生産がピークに近づきつつあり、また、南米のチリや豪州の鉱山では、気候変動による集中豪雨や水不足によるリスクにさらされている。

リチウムでは、国別の産出量では豪州が55%を、チリが23%であるが、鉱石を製錬して得られるリチウム化合物では60%（水酸化リチウムでは80%）を中国が占めており、供給の先行きに対する不安が広がっている（図2-2）。また、銅と同じようにチリや豪州の鉱山では、頻発する集中豪雨や水不足などのリスクにも直面している。

ニッケルでは、インドネシアでのＨＰＡＬ技術（高圧硫酸浸出：High Pressure Acid Leaching）を用いたニッケル製錬工場の建設に期待が持たれていたが、大幅な遅延と予算超過が起きたため、蓄電池用の高品位のニッケル需給がひっ迫する可能性があると指摘されている。また、廃石処理や高水準の$CO_2$排出量を巡って地域社会や地球環境への悪影響が懸念されている。

コバルトについては、世界生産量の約70%をコンゴ民主共和国（コンゴ共和国と区別）が占めているが、その鉱山会社の経営を担っているのは中国企業である。また、鉱石の製錬工場の約70%は中国に立地しており、今後も現在のような状況が続くとみられている（図2-2）。ち

図2-2　世界の重要鉱物の国別生産割合

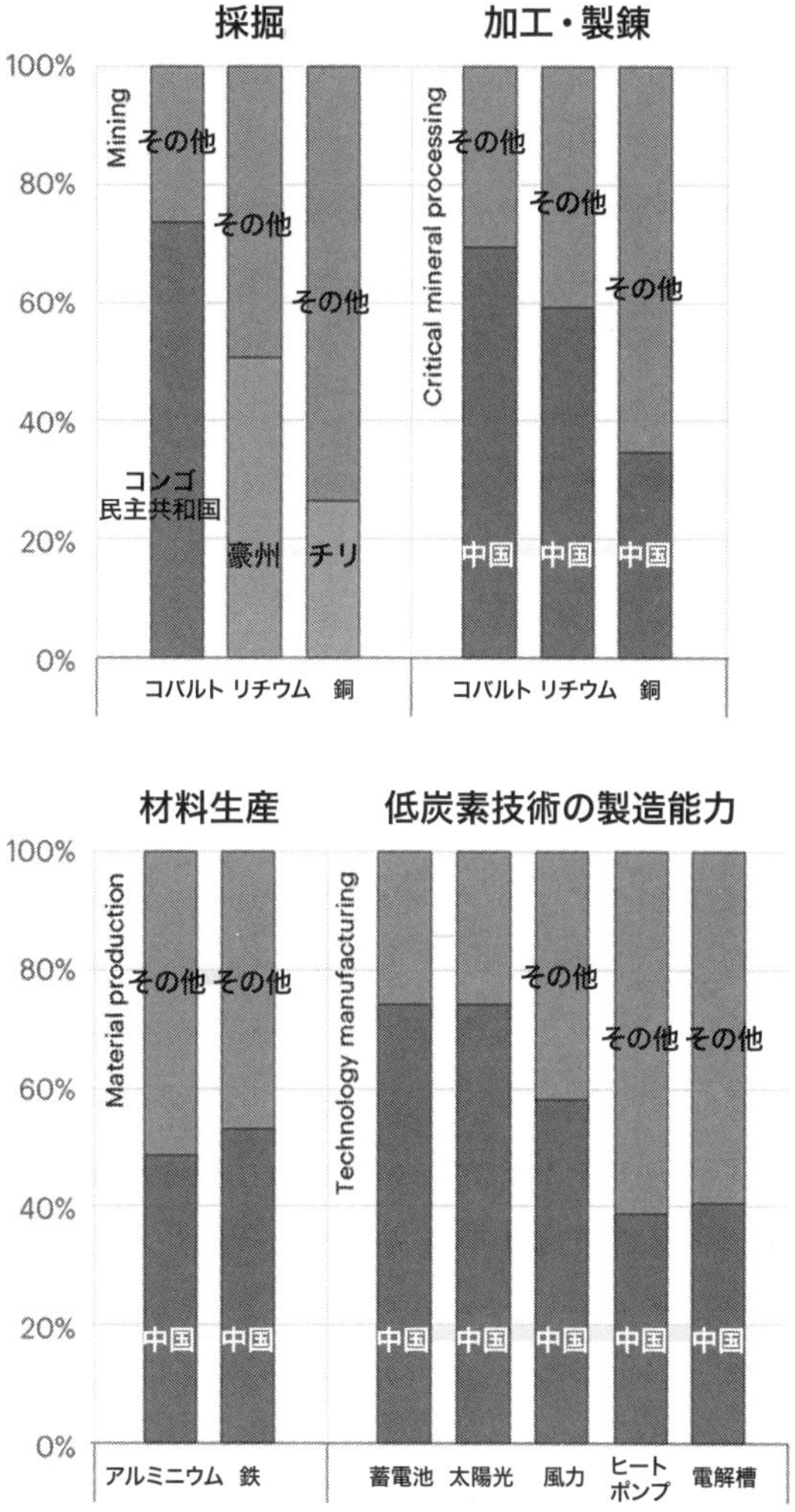


出所：IEA, "Energy Technology Perspectives" Jan. 2023

なみに、新規のコバルト供給量の約90％は、ニッケルと銅の副産物である。

レアアースについて、採掘から分離・製錬、磁石製造に至るバリューチェーンにおいて、中国が圧倒的なシェアを確保しているが、その中で採掘から製錬・加工工程で生じる環境への悪影響が懸念されている。２０１７年時点で国別の確認埋蔵量をみると、中国が35％、ロシア15％、ベトナムとブラジルがそれぞれ18％を占めているが、生産量では、中国が79％と他国を圧倒しており、豪州が15％と続いている。鉱石を採掘・分離・製錬するには、巨額の投資が必要となるため、当分の間は中国の独占状態が続くとみられている。

## 2-4 重要鉱物の地政学リスクとその軽減対策

重要鉱物の需要が急増する一方で、供給面では多くの不安要因が表面化している。特に注目されるのは、再エネ超大国となっている中国が、重要鉱物の供給国として圧倒な存在感を示していることである。

特に日本にとっては、中国からのレアアースの供給が停止された苦い経験がある。２０１０年9月に沖縄県・尖閣諸島沖で中国漁船と日本の海上保安庁の巡視船の衝突事件が起きたが、中国は、日本に圧力をかける手段として、日本向けのレアアースの禁輸措置を取った事件である。中国は、日本側が中国漁船の船長を釈放するよう要求して、日本向けレアアースの新規契約や船積み手続きを停止したのである。当時、中国は、世界のレアアース供給の97％を占めていた。現実には、日本の輸入企業が3カ月から半年分程度の備蓄を保有していたこともあり、目立った実害は出なかったとされている。

ＩＥＡによる前述の報告書で、クリーンエネルギー移行を実現するには、重要鉱物の供給を今後数十年に渡って急激に増加させなければ、エネルギー安全保障が脅かされるリスクが高まると警鐘を鳴らし、各国の政策立案者に対して次の6つの提言を行っている。

1. 鉱物資源の多様な新規供給源に対して十分な投資を確保するため、エネルギー移行と再エネ技術の成長軌道について政策立案者が強い情報発信を行うこと。
2. バリューチェーンの全段階で技術革新を促進するため、需給の両面で研究開発を強化すること。
3. リサイクルを拡大するため、効率的な新しいリサイクル技術の研究開発への政策的な資金提供を行うこと。
4. サプライチェーンの強靭化と市場の透明性を高めるため、潜在的な供給途絶への対応能力を構築し、市場評価、ストレステスト、任意の戦略備蓄などの検討を行うこと。

5．高いＥＳＧ（環境・社会・ガバナンス）基準を奨励し、持続可能で責任ある生産を増やし、調達コストを下げること。

6．生産者と消費者の間の国際的な協力関係の強化に取り組むこと。

このような提言を受けて米国バイデン政権は２０２１年６月、４分野（半導体、バッテリー、重要鉱物、医薬品）に関して、短期的対応と長期戦略などを整理した。その中で鉱物資源分野の提言として、①サステナビリティ規準の開発、②リサイクル推進、③産業支援プログラム、④業界関係者との対話、⑤研究開発の推進、⑥備蓄の強化、⑦同盟国・パートナーとの連携・国際サプライチェーンの透明性の強化に取り組むとした。

欧州委員会は、２０２０年９月、重要鉱物に関する行動計画を発表し、①強靱なサプライチェーンの構築（主にＥＵ域内）、②資源の循環利用、持続可能な製品とイノベーション、③欧州域内からの供給（欧州原材料アライアンスを発足させ、域内に企業を誘致）、④第三国（カナダやアフリカなど）からの資源調達の多角化を打ち出した。

その実現のため、２０２３年３月に、「重要原材料法案」と「ネットゼロ産業法案」の２つの関連法案を公表し、加盟国の同意を得て早期成立を目指すとしている。重要原材料法案では、２０３０年までに年間消費量の10％はＥＵ域内での採掘および15％は再利用を目指すこと、また、全体の40%の加工を域内で手がけることが目標に掲げられている。一方、ネットゼロ産業法案では、2030年までにクリーン技術関連製品の40%を域内で生産することを目指し、特に重要製品としてPVパネルや風力発電設備、蓄電池やヒートポンプ、水素を製造する電解槽などを指定している。

日本では、エネルギー・金属鉱物資源機構(JOGMEC)を通じて、①供給途絶が懸念される鉱物に対するリスクマネー支援の強化、②国内製錬所における鉱石などの調達リスクを低減するための支援の強化、③資源リサイクルによる回収率向上のため、製錬プロセスの改善や技術開発への投資促進、④ベースメタルの自給率を2018年度の50・1%から2030年度に80%以上を目指すなど、引き続き重要鉱物の確保に向けた取り組みが強化されている。

## 2-5 再エネ技術を巡る新たな地政学リスク

再エネ開発によってエネルギー自給率が向上すれば、石油・天然ガスの地政学リスクは低減するが、異なる種類の新たな地政学リスクの懸念が高まる。再エネは、化石燃料に比べて技術の果たす役割が格段に大きいため、技術特許などの知的財産、機器仕様の標準化や公的関与のあり方などを巡って、国家間の対立が起きやすくなる。特に米中対立が一段と深まっているため、西側諸国と中国の間で、すでに知的財産権や人権保護、環境基準などを巡って緊張が高まっている。

今や中国は世界の再エネ超大国となっているが、その大きな推進力になったのは習近平指導部が２０１５年に発表した「中国製造２０２５」と呼ばれる産業政策である。建国１００年を迎える２０４９年に「世界の製造強国の先頭グループ入り」を目指す長期戦略で、次世代情報技術や新エネルギー車など10の重点分野と23の品目を設定し、製造業の高度化を目指してきた。すでに中国は、次世代通信技術「５Ｇ」や人工知能（ＡＩ）の分野でも世界の最先端を走っており、米国は一段と警戒感を募らせている。

ＩＥＡによると、図2-2で示されているように、中国は、２０２２年時点で世界の蓄電池とＰＶパネルの製造設備容量の70％以上を、また、風力発電タービンでは約60％、ヒートポンプと水電解設備容量の約40％を占めており、さらに、ＥＶの生産・販売台数のいずれも２０１５年以降は連続して世界トップの座を維持している。２０１０年以前には、日本は太陽電池セルの主要な輸出国であったが、その後は、中国が低コストを武器に世界市場を席巻しており、現在日本で設置されるＰＶパネルの多くは中国からの輸入に頼るようになっている。

その中国が供給するＰＶパネルの約半分は、新疆ウイグル自治区で生産されており、その生産現場で人権問題が暗い影を落としている。ウイグル人に対する強制労働の疑いが強いとして、バイデン政権は２０２１年末に「ウイグル強制労働防止法」を成立させ、翌年６月には新疆ウイグル自治区が関与する製品の輸入を原則禁止する措置を発動した。米国は、再エネを推進する「インフレ抑制法」を２０２２年８月に成立させ、米国内にＰＶパネルや部品の工場を建設する際の税優遇制度を拡充するなど、国産化の動きを強めている。

## 2-6 脱炭素化で誘発される保護貿易主義のリスク

世界で激化する再エネの開発競争と各国が進める脱炭素政策は、国際貿易における保護主義につながる誘因にもなっている。脱炭素社会に向けて再エネや水素・アンモニア、ＥＶなどの導入が加速するため、各国政府は、経済安全保障と国内での雇用創出を図り、再エネ関連設備の国産化政策を積極的に進めている。

クリーンエネルギーへの移行は、産業構造や生活慣習の大きな転換を迫り、特に化石燃料への依存度が高い地域経済や雇用に多大な影響を与えるため、各国の政治指導者にとって社会的な「ひずみ」をできるだけ小さくする「公正な移行（Just Transition）」を目指さざるを得なくなる。また、自国の再エネ関連産業の国際競争力を強化するため、公的な関与が強まっており、場合によっては保護貿易主義につながる恐れがある。

すでに触れた米国の「インフレ抑制法」やEUが成立を目指している「ネットゼロ産業法案」は、中国政府が主導する再エネ関連の産業政策に対抗する側面が強いともいえる。また、脱炭素化をリードするEUは、産業競争条件の公平化を理由に、鉄鋼やセメント、電力など炭素排出量の多い業種を対象に、2026年に炭素国境調整措置（CBAM）の導入を目指してきたが、法案化がほぼ確実視されている。この制度が適用されると、EU域内の輸入者は、輸入品の量とその炭素排出量を申告し、輸入品の排出量に相当する分の「CBAM証書」を購入することで炭素価格を支払う義務を負うことになる。

一方、インドは、脱炭素化と急増する電力需要を賄うため、近年は再エネ発電の開発に力を入れ、特にPVパネルや太陽電池のシリコンセルについては、その供給の大半を中国からの安価な輸入品に頼ってきた。しかし、2020年以降、中国との国境問題が悪化したのを受けて、中国からの輸入品に関税を課し、PVパネルから関連機器まで含めたPV産業の国産化に向けて大きく舵を切っている。

このように、クリーンエネルギー技術を巡る国家間の競争が激しくなるのに伴って、公的な関与や介入が増える傾向にあり、経済のグローバル化が後退するリスクが高まっているといえる。

## 2-7 再エネの「スーパーグリッド」構想と地政学リスク

現在世界では、PVや風力発電の導入が急増しているが、その関連設備は基本的に各国の領土や領海内に設置されるため、国家間の対立を引き起こす懸念はほとんどない。しかし、今後、再エネの主力電源化に伴って多国間を送電線でつなぐようになると、石油・天然ガスのパイプラインと同様の地政学リスクが高まる。現在は、国際送電線による電力貿易は非常に限定的であるが、再エネの出力変動対策や規模の経済性の観点から、いくつかの「スーパーグリッド」構想が打ち出されている。

すでにEU域内では、2017年にオランダ、デンマーク、ドイツの送電事業者3社は英国の東岸から約100キロ沖合の北海にある広大な浅瀬に人工島を造り、将来設置する何千基もの洋上風力タービンの結節点とする計画で合意している。そして、複数の人工島の風力発電ハブを送電線でつなぎ、周辺諸国に安い電力を供給するとしている。さらに、長期的には、北海から始まる国際連系線を、EU諸国のみならずバルト諸国、トルコ、北アフリカなどにまで拡大することを念頭に置いている。

アジアでは、2015年に世界最大の送電会社・中国国家電網公司が「グローバル・エネルギー・インターコネクション」構想を発表した。これは、世界を高圧送電網でつなぐ壮大な構想で、2030年までに各大陸内の送電網形成、2040年までに大陸間送電網の形成という目標を掲げているが、その実現には関係国間の平和と相互信頼が大前提となる。

また、2017年に自然エネルギー財団が、モンゴルのPV・風力発電を主な供給源として、中国、韓国、ロシア、日本を国際送電網でつなぎ、アジア全域での活用を目指す「アジア・スーパーグリッド」構想は実現可能とする研究報告書を発表した。しかし、北東アジア地域では、安全保障環境が一段と悪化しており、技術的、経済的に可能でも地政学リスクを考えると、その実現への道のりは非常に遠いといえるだろう。

それに対して、ASEANでは「エネルギー協力行動計画（2016~2025年）」をベースに、電力網を整備して地域の多国間電力取引の拡大と送電網の強靱化を図るなど、再エネの統合に向けた取り組みを進めている。域内の国際連携線の送電容量は、2014年の340万キロワットから2020年には760万キロワットへ拡大しているが、その多くが2国間取引である。しかし、2022年6月には「ラオス・タイ・マレーシア・シンガポール相互電力統合プロジェクト」に基づいて、シンガポールがラオスからの再エネ電力の輸入を開始するなど、ＡＳＥＡＮ地域の国際送電網の整備が徐々に進みつつある。

一方、日本では、洋上風力発電所の設置場所を排他的経済水域（ＥＥＺ：Exclusive Economic Zone）内に広げる検討が始まっている。洋上風力発電を将来の主力電源のひとつと位置づけ、導入を促進する動きが強まっているが、日本の領土や領海内だけでは十分な風力を得られないからである。日本周辺は、欧州諸国などと異なり、世界で主流の着床式に向いた浅い海が少ないため、国際的にも普及途上の浮体式をうまく活用しなければ洋上風力の導入が広がらない。そのため、政府は、洋上風力発電所の設置場所を、これまで沿岸から12カイリ（約22キロ）の領海内に限っていたのを２００カイリ（約３７０キロ）のＥＥＺに拡大できるように、国際条約に沿う形で法改正や新法制定を目指している。内閣府によると、気候変動への対応が世界的な課題になるなか、すでに英国やオランダなど欧州諸国でＥＥＺ内に洋上風力発電施設の設置が広がっている。日本は、歴史的にも国際法上も日本固有の領土である尖閣諸島や北方領土、竹島の帰属を巡って周辺諸国との外交問題を抱えているが、環境面や周辺国との関係への影響なども考慮して、洋上風力発電の利用拡大に向けた環境整備を進める必要がある。

このように、再エネが主力電源化する世界では、多国間にまたがるスーパーグリッドやＥＥＺを含む海域での風力発電施設の設置、また、海底での重要鉱物資源の開発などが広がるため、新たな地政学リスクが高まる可能性がある。

【脚注】

（1）「レアメタル（稀少金属）」とは、天然資源の存在量がきわめて少ないか、多くともその抽出が経済的、技術的に非常に困難な金属。日本では、経済産業省鉱業審議会が次の31鉱種（希土類元素を一括して1鉱種と数える）と定義している。

リチウム、ルビジウム、セシウム、ベリリウム、ストロンチウム、バリウム、希土類元素（スカンジウム、イットリウムとランタノイド）、チタン、ジルコニウム、ハフニウム、バナジウム、ニオブ、タンタル、クロム、モリブデン、タングステン、マンガン、レニウム、コバルト、ニッケル、パラジウム、白金、ホウ素、ガリウム、インジウム、タリウム、ゲルマニウム、アンチモン、ビスマス、セレン、テルル。

この定義は、世界共通ではなく、日本では総称として「レアメタル」と呼ぶことが多いが、国際的には必ずしも確立していない。基礎素材産業からハイテク産業まで幅広く利用される非常に重要な原材料であるから、銅、亜鉛、鉛製錬の際の副産物として得られるものもあるが、資源が極端に偏在している場合が多いので、ニッケル、クロム、タングステン、コバルト、モリブデン、マンガン、バナジウムおよび２００９年に追加されたインジウム、ガリウムをあわせて9鉱種が国家備蓄制度の対象となっている（「化学辞典〈第2版〉」、森北出版、２００９年12月）。

□ (レアメタル)
■ :レアアース

| 周期 | アルカリ族 | アルカリ土族 | 希土族 | チタン族 | バナジウム族 | クロム族 | マンガン族 | 鉄族（4周期）白金族（5・6周期） | | | 銅族 | 亜鉛族 | アルミニウム族 | 炭素族 | 窒素族 | 酸素族 | ハロゲン族 | 不活性ガス族 |
|---|---|---|---|---|---|---|---|---|---|---|---|---|---|---|---|---|---|---|
| 1 | 1 H 水素 | | | | | | | | | | | | | | | | | 2 He ヘリウム |
| 2 | 3 Li リチウム | 4 Be ベリリウム | | | | | | | | | | | 5 B ホウ素 | 6 C 炭素 | 7 N チッ素 | 8 O 酸素 | 9 F フッ素 | 10 Ne ネオン |
| 3 | 11 Na ナトリウム | 12 Mg マグネシウム | | | | | | | | | | | 13 Al アルミニウム | 14 Si ケイ素 | 15 P リン | 16 S イオウ | 17 Cl 塩素 | 18 Ar アルゴン |
| 4 | 19 K カリウム | 20 Ca カルシウム | 21 Sc スカンジウム | 22 Ti チタン | 23 V バナジウム | 24 Cr クロム | 25 Mn マンガン | 26 Fe 鉄 | 27 Co コバルト | 28 Ni ニッケル | 29 Cu 銅 | 30 Zn 亜鉛 | 31 Ga ガリウム | 32 Ge ゲルマニウム | 33 As ヒ素 | 34 Se セレン | 35 Br 臭素 | 36 Kr クリプトン |
| 5 | 37 Rb ルビジウム | 38 Sr ストロンチウム | 39 Y イットリウム | 40 Zr ジルコニウム | 41 Nb ニオブ | 42 Mo モリブデン | 43 Tc テクネチウム | 44 Ru ルテニウム | 45 Rh ロジウム | 46 Pd パラジウム | 47 Ag 銀 | 48 Cd カドミウム | 49 In インジウム | 50 Sn スズ | 51 Sb アンチモン | 52 Te テルル | 53 I ヨウ素 | 54 Xe キセノン |
| 6 | 55 Cs セシウム | 56 Ba バリウム | 57〜71 ランタノイド | 72 Hf ハフニウム | 73 Ta タンタル | 74 W タングステン | 75 Re レニウム | 76 Os オスミウム | 77 Ir イリジウム | 78 Pt 白金 | 79 Au 金 | 80 Hg 水銀 | 81 Tl タリウム | 82 Pb 鉛 | 83 Bi ビスマス | 84 Po ポロニウム | 85 At アスタチン | 86 Rn ラドン |
| 7 | 87 Fr フランシウム | 88 Ra ラジウム | 89〜103 アクチノイド | | | | | | | | | | | | | | | |

| ランタノイド | 57 La ランタン | 58 Ce セリウム | 59 Pr プラセオジム | 60 Nd ネオジム | 61 Pm プロメチウム | 62 Sm サマリウム | 63 Eu ユウロピウム | 64 Gd ガドリニウム | 65 Tb テルビウム | 66 Dy ジスプロシウム | 67 Ho ホルミウム | 68 Er エルビウム | 69 Tm ツリウム | 70 Yb イッテルビウム | 71 Lu ルテチウム |
|---|---|---|---|---|---|---|---|---|---|---|---|---|---|---|---|

軽希土 ←→ 重希土

出所：経済産業省製造産業局非鉄金属課および資源・燃料部鉱物資源課「レアメタル・レアアース（リサイクル優先５鉱種）の現状」産業構造審議会 産業技術環境分科会 廃棄物・リサイクル小委員会第26回、資料４（2014年５月）より筆者作成
備考：非鉄金属課は、2016年に製造産業局の組織再編で鉄鋼課と統合され金属課になる

# 第3章

# 石炭大国の中国は
# エネルギー移行の「勝ち組」に

中国は、世界最大の温室効果ガスの排出国で、エネルギー利用に伴う$CO_2$排出量は世界全体の30％を超えている。脱炭素化に向けた国際的な動きが加速するなか、習近平国家主席は、2020年9月の国連総会において、$CO_2$排出量について2030年までにピークに達することを目指し、2060年までにCNの実現に向けて努力することを表明した。この目標は、中国では「3060目標」と呼ばれ、脱炭素政策の大きな転換点となった。中国は、世界最大の石炭消費国であり、また、石油や天然ガスの需要が増加基調にあるため、その動向が世界の温室効果ガス排出削減の大きな鍵を握っている。この章では、中国が国家戦略として取り組んでいる再エネやEV、水素、原子力など低炭素技術開発の現状、また、「3060目標」を巡って直面している課題、さらに、エネルギー移行の「勝ち組」になるのが確実視される背景などについてみていきたい。

## 3-1　今や中国は低炭素技術のトップランナー

第1章と第2章で述べたように、中国は、風力発電やPV、蓄電池やEV、原子力発電など低炭素技術の開発で世界の先頭を走っている。すでに中国は、世界で設置されている風力発電容量の約40％、ＰＶ容量の約36％を占め、世界一の再エネ大国になっている（表1-1）。同時に中国は、再エネ関連の製造設備容量でも、２０２２年時点で世界の蓄電池とＰＶパネルの70％以上、また、風力発電タービンでは約60％、水電解設備容量では約40％を占めるなど、再エネ設備の製造能力の面でも主導的な地位を築いている（図2-2）。

また、世界の「ＢＥＶ（Battery Electric Vehicle）」と呼ばれるバッテリー式ＥＶの販売台数は、米国のウォールストリート・ジャーナル紙によると、２０２２年には約７８０万台と前年比で68％増えたが、その約３分の２は中国市場が占めている。企業別のＢＥＶ販売台数では、世界首位は米国のテスラで、このあとに中国の比亜迪（ＢＹＤ）と上海汽車集団（ＳＡＩＣモーター）が続いている。

さらに重要なことは、ＰＶパネルや風力タービン、蓄電池など低炭素技術の利用拡大にはリチウム、コバルト、ニッケル、レアアースなどのレアメタル資源と、その製錬工程を含むサプライチェーンの確保が不可欠となるが、この面でも早くから中国企業は世界各地に進出して確固たる足場を築いている（第2章を参照）。特に風力発電やＥＶ、蓄電池にとって重要鉱物のレアアースについては、中国が世界生産量の約8割を占めており、他国を圧倒している。

水素については、中国は２０２０年で約３３００万トンと世界最大の生産国であるが、その約３分の２は石炭から製造され、発生するＣＯ$_2$は大気中に放出されている。しかし、

「3060目標」を受けて、国家発展改革委員会は2022年3月に「水素エネルギー産業の中長期発展計画（2021～2035年）」を発表した。そこでは、鉄鋼業や輸送、化学工業など脱炭素化が難しい部門での水素の重要性を初めて指摘すると同時に、水素バリューチェーンの技術的な障壁と安全基準の重要性を強調している。

また、同計画によると、2025年までに年間10万～20万トンのグリーン水素を製造し、100万～200万トンの$CO_2$排出量を削減できるとしている。手始めとして、既存の水素製造設備工場の周辺で、副生水素と再エネ水素による水素エネルギーの供給システムを確立することを求めている。そして、2035年までには、水素エネルギー産業の体制を整備し、交通やエネルギー貯蔵、発電、工業など多様な分野で水素利用の拡大を図るとしている。

一方、原子力発電は、2023年1月時点で中国では53基が稼働中であり、米国の92基、フランスの56基に次ぐ規模にまで増加している（第8章を参照）。現在、中国が国内で建設中と計画中の原子炉は、それぞれ24基、23基といずれも世界で最も多く、今後、建設および計画が順調に進めば、2025年にはフランスを抜いて世界第2位に、そして、2030年代には米国を抜いて世界一の原子力大国になるとみられている。

## 3-2　中国の脱炭素化の「3060目標」とその狙い

中国の習近平国家主席は、2020年9月の国連総会のビデオ演説で、2030年までに$CO_2$排出のピークアウトと2060年までにCNを宣言したが、その直後の2020年12月に開かれた国連気候変動サミットでは、2015年のパリ協定の際に提示した2030年目標[1]の引き上げを表明した。すなわち、国内総生産（GDP）あたり$CO_2$排出量を2005年比で65％以上削減すること、また、1次エネルギー消費に占める非化石エネルギー比率を25％に拡大すること、さらに、風力発電・PVの設備容量を12億キロワット以上に増強するとした（表3-1）。ちなみに、2021年時点での設備容量は、表1-1に示されているように風力発電が3億2900万キロワット、PVが3億6000万キロワットの合計で6億3500万キロワットであり、2030年までにその倍増を目指すことになる。

このタイミングで意欲的な削減目標を発表した背景には、まず第13次五カ年計画（2016～2020年）で想定したよりも速いペースで再エネの導入が進んだことがある。また、米国の大統領選挙で、気候変動対策に非常に積極的なバイデン候補が選出されたことで、気候変動問題で国際的な孤立を避けると同時に、低炭素技術の分野で米国との競争に立ち向かうとの決

表３−１　中国の2030年に向けた脱炭素化の数値目標

| | ２０２５年 | ２０３０年 |
|---|---|---|
| **ＧＤＰ当たりエネルギー消費量** | ２０２０年比で１３．５%削減 | 大幅に削減 |
| **ＧＤＰ当たり$CO_2$排出量** | ２０２０年比で１３．５%削減 | ２００５年比で６５%以上削減 |
| **非化石エネルギー消費比率** | 約２０% | 約２５% |
| **風力発電・太陽光発電の総設備容量** | − | １２億キロワット以上 |

出所：各種資料を基に筆者作成

意表明だと考えられる。

巨大な中国市場は、再エネやＥＶなどの大量生産によるコスト低減やインフラ設備の導入でも有利であり、外国資本にとっても魅力的な投資先となる。しかし、中国は、米欧日など西側諸国との政治的な対立が高まるなか、低炭素技術の分野でも、次世代通信規格「５Ｇ」のような分断化が起きることを懸念している。

現在の第14次五カ年計画（２０２１〜２０２５年）では、「３０６０目標」の実現に向けて、具体的な行動計画が実施に移されてきている。しかし、２０２０年以降、新型コロナ禍による経済低迷やウクライナ戦争による化石燃料価格の高騰など、中国経済を取り巻く環境が大きく変化しており、脱炭素政策にも複雑な影響を与えている。

## 3-3 脱炭素化と電力安定供給のジレンマに直面

すでに述べたように、中国のエネルギー起源の$CO_2$排出量は、2006年に米国を抜き世界最大の規模となり、その後も増加を続け、2021年には105億トンと世界全体の約31%まで増え、第2位の米国の2・2倍となっている。目覚ましい経済発展で電力需要が急増するなか、大規模な石炭火力発電所が次々と建設されてきたことが大きく影響している。世界の石炭消費量の5割強を占めている中国にとって、脱炭素化は脱石炭とほぼ同義語になっている。

中国の電源構成をみると、火力発電（大部分は石炭火力）の割合は、2015年の73・7%から2022年には65・8%へと低下傾向にはあるが、それでも依然として約3分の2を占めている（表3-2）。それに対して、風力発電は3・2%から8・8%に、PVは0・7%から4・9%に、また原子力は3・0%から4・8%へと増加し、水力を含む非化石電源は26・3%から34・2%へと着実に拡大を続けている。

これまで中国は、安価な国産資源の石炭を原動力に経済発展を遂げてきたため、脱石炭は、容易なことではない。特に山西省や陝西省、内モンゴル自治区など内陸部の産炭地や石炭火力発電所の立地地域では、石炭が地域経済や雇用面で中核的な役割を担ってきたからである。そ

表3-2　中国の発電量の推移（2015～2022年）

| | 2015 | 2016 | 2017 | 2018 | 2019 | 2020 | 2021 | 2022 |
|---|---|---|---|---|---|---|---|---|
| 火力 | 73.7% | 71.8% | 71.0% | 70.4% | 68.9% | 67.9% | 67.4% | 65.8% |
| 原子力 | 3.0% | 3.5% | 3.7% | 4.2% | 4.8% | 4.8% | 4.9% | 4.8% |
| 水力 | 19.4% | 19.5% | 18.6% | 17.6% | 17.8% | 17.8% | 16.0% | 15.6% |
| 風力 | 3.2% | 3.8% | 4.7% | 5.2% | 5.5% | 6.1% | 7.8% | 8.8% |
| 太陽光 | 0.7% | 1.1% | 1.8% | 2.5% | 3.0% | 3.4% | 3.9% | 4.9% |
| 非化石比率 | 26.3% | 28.2% | 29.0% | 29.6% | 31.1% | 32.1% | 32.6% | 34.2% |

注：四捨五入の関係で 原子力～太陽光の合計（%）と非化石比率は一致しないことがあります

出所："Assessing China's power sector low-carbon transition " Anders Hove, The Oxford Institute for Energy Studies, を基に筆者作成

のため、石炭生産企業や需要家である電力・鉄鋼など大手国有企業は、中央政府による石炭消費の総量規制などに強い警戒心を示していた。

そんなおり、2021年9月には、発電用石炭の供給不足で全国的に電力需給がひっ迫し、生産活動だけではなく市民生活にも大きな混乱が起きた。このような事態を受けて、2022年3月の全国人民代表大会（全人代）でエネルギー関連政策の見直しが行われた。それまでのエネルギー消費総量と原単位のダブル削減目標から、$CO_2$排出総量と原単位のダブル削減目標へと切り替えるとともに、電力の安定供給の確保が前面に打ち出されたのである。五カ年計画の1年目を終えた時点での異例な政策見直しの背景には、エネルギー消費構造の変革は一朝一夕では不可能であり、腰を据えた取り組みが必要との認識が高まったためとみられる。

異例の3期目に入った習近平国家主席は、野心的な脱

炭素化と国内政治の現実をバランスさせるため、今後とも地方政府や国有企業との難しい調整を迫られることになる。

## 3-4 石炭大国である中国の弱みが強みに

石炭は、2021年時点で世界のエネルギー起源$CO_2$排出量の43%と石油の34%、ガスの23%を上回る化石燃料で最大の排出源であり、脱石炭を求める国際的な圧力が一段と高まっている。2021年に英国のグラスゴーで開催されたCOP26で採択された成果文書では、石炭火力発電の「段階的削減」に向けた努力を加速させると明記された。

その背景には、欧州諸国を中心に40以上の国が「先進国などは2030年代、世界全体で2040年代に石炭火力を廃止し、$CO_2$排出の削減対策のない新たな発電所の建設を中止し、公的な輸出支援も終える」ことを強く求める動きがあった。先進国が非効率な石炭火力の閉鎖や新設禁止の動きを強めるなか、中国は、国内で活発な新増設を続け、また、アジアやアフリカには広域経済圏構想の「一帯一路」の一環で石炭火力の輸出を推進してきたことから、中国に対する風当たりが一段と強まっている。

一方、石炭依存が際立って高い中国の弱みは、同時に強みにもなる。世界の脱炭素化には、中国の協力が欠かせないからだ。米中対立が深まるなか、2021年9月に訪中したケリー米国大統領特使は、気候対策を加速して2050年には実質排出ゼロの実現を求めたが、中国は、米国の圧力緩和が協力の前提になると応じた。米国のバイデン政権は、気候分野での協力を新疆ウイグル自治区などでの人権侵害や台湾問題、覇権主義的な行動、経済安全保障など他の外交課題と切り離して進めたいと考えている。しかし、中国は、気候変動問題を外交交渉のカードに使い、「米国の中国封じ込め」に対抗するしたたかな戦略を取っている。

中国は、気候分野で英国・EUに協力姿勢をみせることで、米国主導の中国包囲網の弱体化を狙っている。事実COP26が開催される直前の2021年9月の国連総会ビデオ演説で、習近平国家主席は、今後は海外で新規石炭火力の建設を行わないと表明するなど、国際的な孤立を避けるために先手を打っている。また、中国は、2021年7月には全国の発電事業者が参加する排出権取引を開始させ、EUが2026年から本格的に導入する炭素国境調整措置（CBAM）にも対応できる体制を整えている。建国100周年を迎える2049年までに、世界の超大国になる「中国の夢」の実現に向けた外交戦略の一環ともいえる。

## 3-5　中国にとって石油・天然ガス市場で影響力拡大の好機

中国は、低炭素技術の分野で世界のトップを走っているが、今後数十年にわたり経済発展と脱炭素化を両立させるには、石油と天然ガスに大きく依存せざるを得ない。日本エネルギー経済研究所が発表した２０５０年までの「世界のエネルギー需給展望」(2)では、「レファレンスシナリオと」と「技術進展シナリオ」の2ケースを想定して分析がなされている。

そのなかで、中国の1次エネルギー需要の長期的な見通しによると、低炭素技術の導入が加速する「技術進展シナリオ」では、石炭は２０２０年代に、石油は２０３０年代に、天然ガスは２０４０年代にピークを迎え、それ以降は徐々に減少に向かうとしている（表3-3）。

それに対して、再エネ（水力を含む）と原子力の非化石エネルギーの割合は、２０２０年の12・8％から２０３０年には17・8％、２０４０年には27・6％、２０５０年には42・8％へと着実に拡大を続ける。一方、石油・天然ガスの割合をみると、２０２０年の26・5％が２０３０年には28・4％に増加し、２０４０年には28・3％とほぼ横ばいで推移したのち、２０５０年には26・5％と２０２０年の水準に戻るとしている。

中国の石油需要が２０３０年代のいつ頃にピークを迎えるのか、その大きな鍵を握るのは、

表3-3　中国の1次エネルギー需要の長期展望（技術進展シナリオ）

| 石油換算100万トン | 2010 | 2020 | 2030 | 2040 | 2050 |
|---|---|---|---|---|---|
| 石炭 | 1,790 | 2,125 | 1,944 | 1,398 | 796 |
| 石油 | 428 | 661 | 705 | 571 | 433 |
| 天然ガス | 89 | 265 | 324 | 327 | 254 |
| 原子力 | 19 | 95 | 151 | 209 | 269 |
| 再エネ(含む水力) | 210 | 353 | 493 | 667 | 840 |
| 1次エネルギー合計 | 2,536 | 3,499 | 3,617 | 3,172 | 2,592 |
| 非化石エネ比率 | 9.0% | 12.8% | 17.8% | 27.6% | 42.8% |
| 石油・天然ガス比率 | 20.4% | 26.5% | 28.4% | 28.3% | 26.5% |

出所：「IEEJ エネルギー展望2023（2022年10月）」、日本エネルギー経済研究所を基に筆者作成

ＥＶが普及するスピードとその規模である。供給面では、国内の原油生産がすでにピークを過ぎているため、石油輸入量は、２０１１年の６３０万バレル／日が２０２１年には１２７０万バレル／日へと倍増し、今や世界最大の石油輸入国となっている（「ＢＰ統計」）。その主要な輸入先は、サウジアラビアとロシアを筆頭にして、中東やアフリカ、アジアや中南米など世界各地に広がっている。

一方、天然ガスは、国内で大規模なガス田の発見に恵まれなかったこともあり、本格的な利用拡大が始まったのは２０００年代以降、特に２０１０年代に入ってからである。中国政府は、脱炭素政策の一環として、石炭から天然ガスへの燃料転換を急ぐようになったからである。その結果、天然ガス需要は、２０１０年の１３５０億立方メートルから２０２１年には３７９０億立方メートルへと２・８倍に急増

しており、その約45％が輸入である。中国にとって天然ガスの利用拡大は、脱炭素化とエネルギー安定確保の両立を図るうえで必要不可欠であり、２０４０年代に向けて天然ガス輸入の大幅な増加が続くとみられる。現在、パイプライン経由ではトルクメニスタンとロシア、ＬＮＧでは豪州、カタール、マレーシアなどが主な供給国である。

## 3-6　エネルギー移行で「勝ち組」の中国と「負け組」のロシア

西側諸国を中心に脱化石燃料によるクリーンエネルギー移行が進むなか、サウジアラビアやＵＡＥ、カタール、ロシアなどの石油・天然ガスの輸出国にとって、中国市場を確保することがますます重要となっている。また、中国は、西側諸国とは対照的に、自由や民主主義、人権保護など他国の内政問題には介入しないため、権威主義体制を採る多くの資源輸出国にとって与しやすい相手となる。

一方、中国にとっては、国際石油・天然ガス市場で最大の買い手として、価格など取引条件の交渉を有利に進めることができる。特にロシアは、ウクライナ戦争を契機に、最大の石油と天然ガス輸出先であった欧州市場を失い、その代替として中国が最も重要な輸出先になっている。すでにEUが輸入禁止にしたロシア産原油の多くは、中国やインドなどが大幅に値引きされた価格で大量に輸入を増やしている。

天然ガスについては、ロシアの東シベリアと中国東北地域を結ぶ「シベリアの力」と呼ばれるパイプラインが2019年から稼働を開始している。2022年9月には、ロシア国営ガス会社ガスプロムと中国石油天然気集団（CNPC）は、天然ガス供給に対する中国の支払いをドルから人民元とルーブルに切り替え始める協定に署名した。また、2023年3月にモスクワで開かれた中ロ首脳会談では、ロシア産天然ガスをモンゴル経由で中国に輸送する「シベリアの力2」計画について、当事者が最終合意に向けた取り組みを進めることを確認した。

中東では、2023年3月に長年にわたり対立してきたサウジアラビアとイランは国交正常化で合意したが、その仲介役を果たしたのが中国である。サウジアラビアは、人権問題などで米国バイデン政権とはこれまでより距離を置く一方、自国産原油の最大の買手である中国と経済分野での協力関係を強めてきた。また、イランは、核開発問題を巡って米国の厳しい経済制裁を受けており、政治的、経済的に中国に接近してきた。一方、米国にとっては、中東の石油・天然ガスはシェール革命でその重要性が低下し、イラクやアフガニスタンから撤退を進めるなど、中東でのプレゼンスが低下してきた。その間隙をうまくついたのが中国による中東での仲介外交である。

中国は、再エネやEV、水素、原子力など低炭素技術の開発においても、世界をリードしてきたことは、これまで述べてきたとおりである。今後、中国は、これらの高い技術力と豊富な資金力を武器にして、産油国や産ガス国だけではなく、「一帯一路」構想の一環として「グローバルサウス」と呼ばれる新興・途上国のクリーンエネルギー開発にも積極的に関与し、影響力の拡大を目指すだろう。中国は、脱炭素社会に向けたエネルギー移行期において、石油・天然ガスの大輸入国として市場支配力を強めると同時に、低炭素技術の輸出国として世界における存在感を一段と高めることができる。その意味で、中国はエネルギー移行における最大の「勝ち組」になるだろう。

中国とは対照的に、ロシアは最大の「負け組」になりそうだ。クリーンエネルギー移行が進めば、ロシアの膨大な石油・天然ガス資源が座礁資産となるリスクが高まるうえに、ウクライナ侵略によって長年にわたって培ってきた安定した資源供給国としての信頼を完全に失ったからである。さらに、潤沢な資源輸出収入に安住し、低炭素技術の開発でも西側諸国や中国のはるか後塵を拝する事態に陥っているからである。

【脚注】

（1）パリ協定に調印した際に提示された2030年の数値目標

①2030年前後のできるだけ早い時期に$CO_2$排出量をピークアウトさせる。

②GDPあたり$CO_2$排出量を2005年比で60～65％削減する。

③非化石エネルギーが1次エネルギー消費に占める比率を約20％に向上させる（2015年の同比率は12％）。

④森林備蓄量を2005年より45億立方メートル増加させる。

（2）「IEEJ Outlook 2023」の2つのシナリオ

①レファレンスシナリオ：過去の趨勢および現在までのエネルギー・環境にかかわる技術・政策などに従って作成された将来の見通し。今後、過去の延長線上に見込まれる政策などの効果を織り込むが、趨勢を逸脱した急進的な省エネルギー・低炭素政策は打ち出されないものと想定している。

②技術進展シナリオ：世界のすべての国において、エネルギー安定供給の確保、気候変動対策、大気汚染対策などの強化に資するエネルギー・環境政策などが強力に実施され、それが最大限奏功することを想定している。

# 第4章

# 脱炭素・脱ロシアを目指す EUのエネルギー政策

2022年2月に始まったロシアによるウクライナ侵略を契機に、世界は1970年代以来の深刻なエネルギー危機に直面した。特にロシア産の石油・天然ガス輸入に大きく依存していた欧州諸国は、供給不安と価格高騰で生産活動や国民生活に甚大な打撃を受けることになった。これまで欧州諸国は、気候変動問題に強い危機感を持ち、世界に先駆けて再エネや原子力などクリーンエネルギーの開発を進めてきた。この章では、これまでEUが世界をリードしてきた脱炭素の取り組みが、今回のエネルギー危機でどのような影響を受け、今後どのような進展をみせるのか考えてみたい。

## 4-1 際立った違いをみせるフランスとドイツの電源選択

現在の欧州連合（EU）は、1951年に設立された「欧州石炭鉄鋼共同体（ECSC）」の結成から始まった。フランスとドイツは、国境近くの石炭・鉄鉱石などの資源を巡り長年にわたり争いを続けきた。そのため、隣接する諸国で資源の共同管理を行うことで、両国間の軍事的な対立の回避を目指したのである。1967年には、「欧州経済共同体（EEC）」および「欧州原子力共同体（EURATOM）」と合体して「欧州共同体（EC）」が結成されたが、

図4-1　フランスとドイツの発電量割合(2021年)

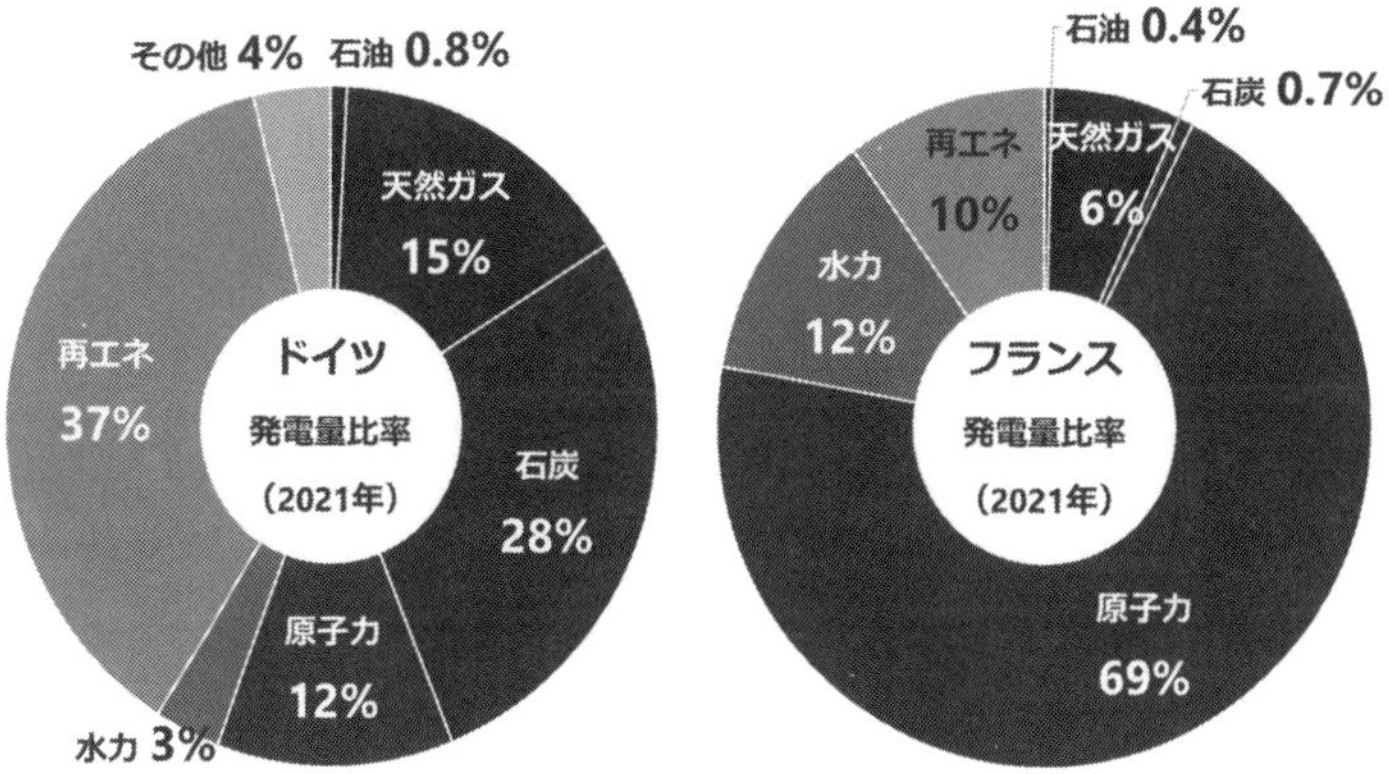


出所：「BP統計2022」、RTE「Bilan Electrique2021」を基に筆者作成

旧ソ連が崩壊した直後の1992年2月にマーストリヒト条約が調印され、翌年にEUが正式に発足する運びとなった。2017年には英国が離脱を決め、現在の加盟国は27カ国となっている。これらの歴史が示すように、当初からEUは、エネルギー分野で各国の協力を進め、地域の平和と経済的な繁栄の実現に取り組んできたといえる。

この間、1970年代の2度にわたる石油危機や1986年のチョルノービリ原発事故、また、21世紀に入ると気候変動危機や現在のウクライナ戦争などを経験するなかで、各国はエネルギー政策の面で顕著な違いをみせてきた。特にEUの中核国であるフランスとドイツの電源構成をみると、エネルギー問題に対する両国の考え方の違いが読み取れる。

2021年のフランスの電源別発電量をみると、原子力が69%で再エネが23%（うち水力が12%）、天然ガス・その他が8％となっている（図4-1）。

1970年代の石油危機を契機に、日本と同じように国内資源に乏しいフランスは、準国産エネルギーである原子力発電の開発に国を挙げて取り組んできた。2018年に登場したフランスのマクロン大統領は当時、発電量の75％を占めていた原発比率を2035年までに50％に引き下げる方針を決めた。しかし、脱炭素化とエネルギー安全保障の重要性が一段と高まるなか、2022年6月、2期目に入ったマクロン政権は、稼働中の原発運転期間の延長や新規の原発建設に積極的に取り組むなど、原子力を再び重視する方向へと大きく舵を切っている。

フランスとは対照的に、2021年のドイツの電源別発電量をみると、再エネが41％（うち水力は3％）と最大で、石炭・褐炭が28％、天然ガスが15％、原子力が12％となっている（図4-1）。ドイツでは、1986年にウクライナのチョルノービリ原発で起きた放射能汚染事故を契機にして、脱原発を求める世論が急速に高まった。このようななか、当時の社会民主党（SPD）と90年連合／緑の党の連立政権は、2001年9月の連邦議会で原子力発電を廃止する法律を可決し、原発は稼働開始時から32年、平均すると残り12年以内に廃止されることになった。しかし、2009年にドイツのメルケル首相（当時）が率いるキリスト教民主同盟・社会同盟（CDU・CSU）と自由民主党（FDP）の連立政権が誕生すると、原発の稼働期間をあと8年から14年の延長を認める決定を行い、原発廃止政策を撤回した。しかし、2011年3月に福島第一原発事故が起きると、メルケル政権は、再び脱原発政策に転じ、2022年末までに原発ゼロを実現する法案を成立させたのである。

このようにドイツでは、政権が交代するたびに原発政策は大きな方針転換が繰り返されてきた。現在ドイツはEUの中でも、再エネ開発のトップランナーになっているが、それは脱原発政策の裏返しでもある。2000年には、原発廃止に伴うエネルギー源の多様化と持続可能な供給を実現するため、「再生可能エネルギー法」が制定され、FIT制度および導入目標が設定された。その後もドイツは、再エネの導入拡大に向けて頻繁に法改正を行い、EUにとどまらず世界の再エネ開発のリーダー役を担っている。

## 4-2 欧州グリーンディールと高まる再エネへの期待

2019年12月、EU史上初の女性委員長であるフォン・デア・ライエン氏が率いる新しい欧州委員会（EC）が発足した。同氏は、その直前までメルケル政権で国防大臣などを歴任していた。新体制のスタートに際して、同委員長は、「持続可能な政策にコミットし、地政学的な課題に取り組む委員会となるだろう。EUは、多国間主義の擁護者であり、一国では不可能なことを共に成し遂げることで、より強力になることができる」と国際社会におけるＥＵの立場を明らかにした。そして、今後、取り組むべき優先課題として、次の６つが掲げられた。

1. 欧州グリーンディール。
2. 人々のための経済。
3. デジタル時代にふさわしい欧州。
4. 欧州的な生き方を推進する。
5. 国際社会でより強い欧州となる。
6. 欧州の民主主義をさらに推進する。

冒頭に掲げられている「欧州グリーンディール」は、環境政策の枠にとどまらず、ＥＵの経済・社会政策を含む多面的な戦略としての性格を持っている。その政策分野としては、クリーンエネルギーの確保、循環型経済に向けた産業戦略、持続可能な輸送、生物多様性の保護、グリーンな農業、汚染対策などを含む広範な分野に及んでいる。

特に欧州グリーンディールの中心となるのは、社会と生活を変容させている気候と技術の変化への対応であるとして、２０５０年までにＥＵは、温室効果ガス排出が実質ゼロとなる世界初の「気候中立な大陸（Climate-neutral Continent）」を目指すとしている。また、気候変動対策の進展に伴って、炭素集約的な活動に依存している地域を支援する「公正な移行（Just Transition）」を果たす。さらに、「持続可能なEUに向けた投資計画」を立て、2030年までに温室効果ガス排出量を1990年比で55％以上削減する野心的な目標の達成に向けて尽力するとしている。

これらの目標を実現するため、2021年6月、EU理事会は「欧州気候法」を採択した。それにより、EUがパリ協定で公約した2030年までに温室効果ガス排出量を55％以上削減するという目標は、EU域内で法的な拘束力を持つものとなった。また、同法は、2050年の気候中立化の目標に取り組み、その達成に向けてガバナンス体制を整備することも義務づけた。

2021年7月には、2030年に温室効果ガス排出量の55％以上の削減を達成するための包括的な政策パッケージである「Fit For 55」を発表するなど、矢継ぎ早に対策を打ち出した。その中で、最終エネルギー消費に占める再エネ比率を2020年の22％から2030年には40％に、また、エネルギー効率化目標の大幅な引き上げ、欧州排出量取引制度（EU-ETS）の対象分野の拡大、さらに、炭素国境調整措置（CBAM）の新設などを提示した。これらの背景にあるのは、現状の気候変動対策だけでは破局的な将来が避けられないとの強い危機感である。そのため、目標となる未来を起点に今何をなすべきかを考える「バックキャスティング」に基づいた思考方法を採っている。バックキャスティングは、現在を始点として未来を予測するフォアキャスティングと比較して、劇的な変化が求められる課題に対して有効とされているからである。

## 4-3 ドイツが先導する国家水素戦略とEUタクソノミー

EUは、欧州グリーンディールの一環として、すでに水素戦略を発表している。脱炭素社会の実現には、再エネ電力だけでは不十分で、運輸や鉄鋼・化学部門などでの水素利用が欠かせないからである。また、水素関連の投資促進は、雇用の拡大と水電解産業の国際競争力の強化、既設ガスインフラの活用にも役立つことから、投資や規制、市場の創出、技術開発などで公的な支援策を講じるとしている。

EUの中で最も早くから水素の利用拡大を目指してきたのはドイツで、2020年6月には国家水素戦略を公表している。その特徴は、水素は基本的に再エネ由来（グリーン水素）とすること、水素は産業分野で活用すること、ドイツでは大量の水素輸入が必要になること、他国での水素製造のためにドイツの技術輸出を促進することである。

注目されるのは、製造方法によって水素を「色」に分類し[1]、区別していることだ。化石燃料由来で製造時に$CO_2$を放出する水素は「グレー水素」、化石燃料由来だがCCSを適用した$CO_2$フリーの水素は「ブルー水素」、再エネ由来電力による水電解で製造された水素を「グリーン水素」、メタンの熱分解由来で固体炭素が副生される水素は「ターコイズ（トルコ石の青さ）水素」、原子力発電の電力による水電解で製造される水素を「イエロー水素」などと命名している。

ドイツ政府が国内での検討を経て最終的に決定した国家水素戦略では、グリーン水素の利用・普及を気候変動対策の柱に据えるとしている。また、水素利用設備の導入促進と、再エネ由来の余剰電力を水素や気体燃料、液体燃料に転換する技術（Power-to-Gas、Power-to-Liquid）の開発・普及を支援して、次世代輸出産業の育成を目指している。さらに、将来的にグリーン水素の需要をすべて国内で製造するのは難しいため、オランダやフランスと連携して取り組むとともに、北アフリカやウクライナなども供給元の候補とみており、EU域内外の既存の天然ガスパイプライン網を水素の流通に最大限に活用する考えを示している。

このように再エネ至上主義のドイツは、「水素はグリーンが最上でブルーは二流」との国際世論づくりを進め、カラーリング（色分け）による水素の国際標準化を狙っているようだ。それに対してフランスは、グリーン水素だけでは十分な供給量を確保できないため、原子力による水電解水素をブルー水素と同じ低炭素水素に分類すべきだと主張し、EU内で議論が続いてきた。

欧州委員会（EC）は、サステナブルファイナンス戦略の一環として、「環境的に持続可能な経済活動」の基準である「EUタクソノミー」[2]の検討を進めてきたが、原子力と天然ガスの扱いを巡って各国の間で対立が続いていた。フランスのマクロン大統領は、脱炭素目標の実現には原子力が必要だとして新設計画を発表し、石炭依存が高いチェコやポーランドなど10カ国と共同で、原子力を持続可能な「EUタクソノミー」に含めるよう欧州委員会に要請していた。それに対して、原子力に反対する世論が根強いドイツやオーストリアなどが異論を唱えていたが、欧州委員会は、2021年12月に原子力と天然ガスについて、厳しい条件つきでEUタクソノミーの対象に含める案を提示した。その直後に今回のエネルギー危機が起きたこともあり、2022年7月には、欧州議会でEUタクソノミーに原子力と天然ガスを含める案を本会議で可決・承認し、2023年1月1日から発効する運びとなった。

## 4-4　ウクライナ危機で脱炭素・脱ロシアを目指す「リパワーEU」

欧州委員会は、2022年3月、ロシアによるウクライナ侵略を受け、ロシア産化石燃料への依存を2022年末までに大幅に低下させ、2030年よりも早い段階で脱却を目指す「リパワーEU」の概要を発表した。その2カ月後の2022年5月には、迅速に再エネへの移行を進めれば化石燃料の脱ロシア化を実現できるとして、2030年を目標とする政策パッケージ「Fit For 55」をベースに次のような追加的な政策を示した。

1つ目は、エネルギー効率の改善、自発的な省エネ努力による需要抑制がロシア産化石燃料から脱却するうえで、最も安価かつ安全でクリーンな方法だとして、短期的な省エネの推進と、中長期的なエネルギー効率化を中心的な対策に掲げたこと。具体的には、すでに提案されているすべての建物を対象とする最低エネルギー性能基準を強化すること、また、冷暖房機器や冷蔵庫など約30の家電製品グループを対象に、製品仕様の基本要件やその適合性評価をEU域内で統一的に運用して、エネルギー消費の抑制を図るとしている。

2つ目は、ロシア産天然ガスなどへの過度な依存を減らすため、供給元の多角化に向けて、域外国との協議を強化すること。すでに欧州委員会は2022年3月末に、米国との間で

2022年に150億立方メートル、その後は2030年まで少なくとも年間500億立方メートルのLNGの追加供給を受けることで合意している。これにより、EUがロシアから輸入していた天然ガスの3分の1弱を米国産LNGで代替できるとしている。

また、欧州委員会は2022年6月に、イスラエル産天然ガスをパイプライン経由でエジプトに輸出し、エジプトで液化したLNGをEUに輸出する覚書をイスラエル・エジプトの両国と締結し、さらに、ノルウェー産天然ガスの追加供給に向けて協力を強化することでノルウェーとも合意している。加えて、加盟国が自発的に参加するパイプライン経由の天然ガス、LNG、水素の共同購入を調整する「EUエネルギー・プラットフォーム」を新たに設置し、加盟国間での需要の集約、ガスの輸入・貯蔵・輸送に関連したインフラの最適化に取り組むことも決めている。

3つ目は、「Fit For 55」で強化されていた再エネへの移行を加速するため、2030年の最終エネルギー消費に占める再エネ比率の目標を、40%から45%へ引き上げること。EU域内では、2011~2021年の間に再エネ発電量は風力発電で2.4倍、PVで3.1倍に急増した（図4-2）。特に迅速な導入が可能なPVについて、2025年までに現在の2倍以上となる3億2000万キロワット以上を、また、2030年までに約6億キロワットを目指すとしている。欧州委員会は、「欧州太陽光屋上イニシアティブ」を提案し、一定規模の建物にP

図4-2　EUの再エネ(除く水力)発電量(2011～2021年)

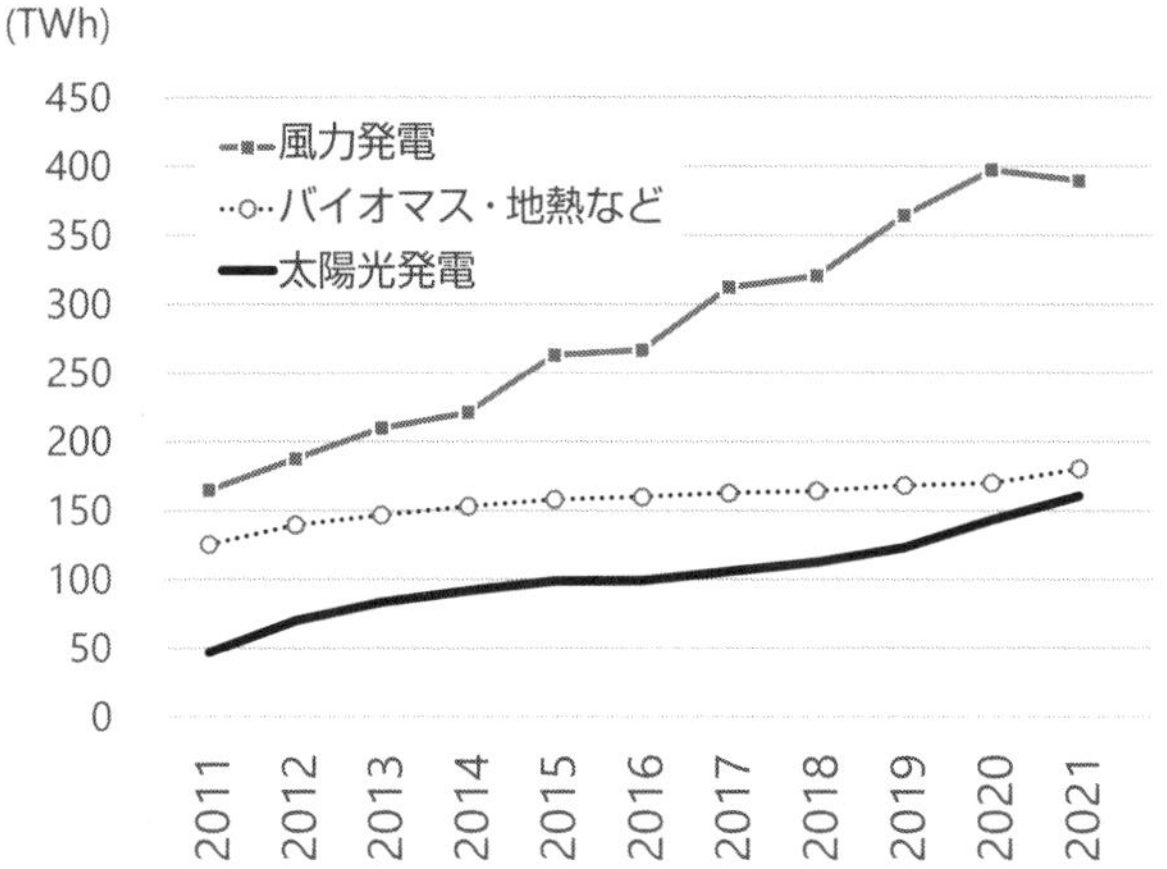


出所：「BP統計2022」を基に筆者作成

Vの設置を義務づけるための法制化に取り組んでいる。

水素・アンモニアの需要については、「Fit for 55」で2030年に約600万トンと想定していたが、「リパワーEU」では2000万トンへと大幅に引き上げ、供給面では域内での生産を1000万トン、同量を域外から輸入するとしている（図4-3）。同時に電解装置の導入も9000万～1億キロワットに拡大する必要があるとしている。さらに、2030年までに350億立方メートル分のバイオメタンの生産を目指す野心的な計画も発表している。

欧州委員会は、リパワーEUの目標達成のためには「Fit For 55」の実現に必要な投資に加えて、2027年までに2100億ユーロの追加投資が必要になると試算し、その財

図４−３　欧州における2030年の水素の需給想定

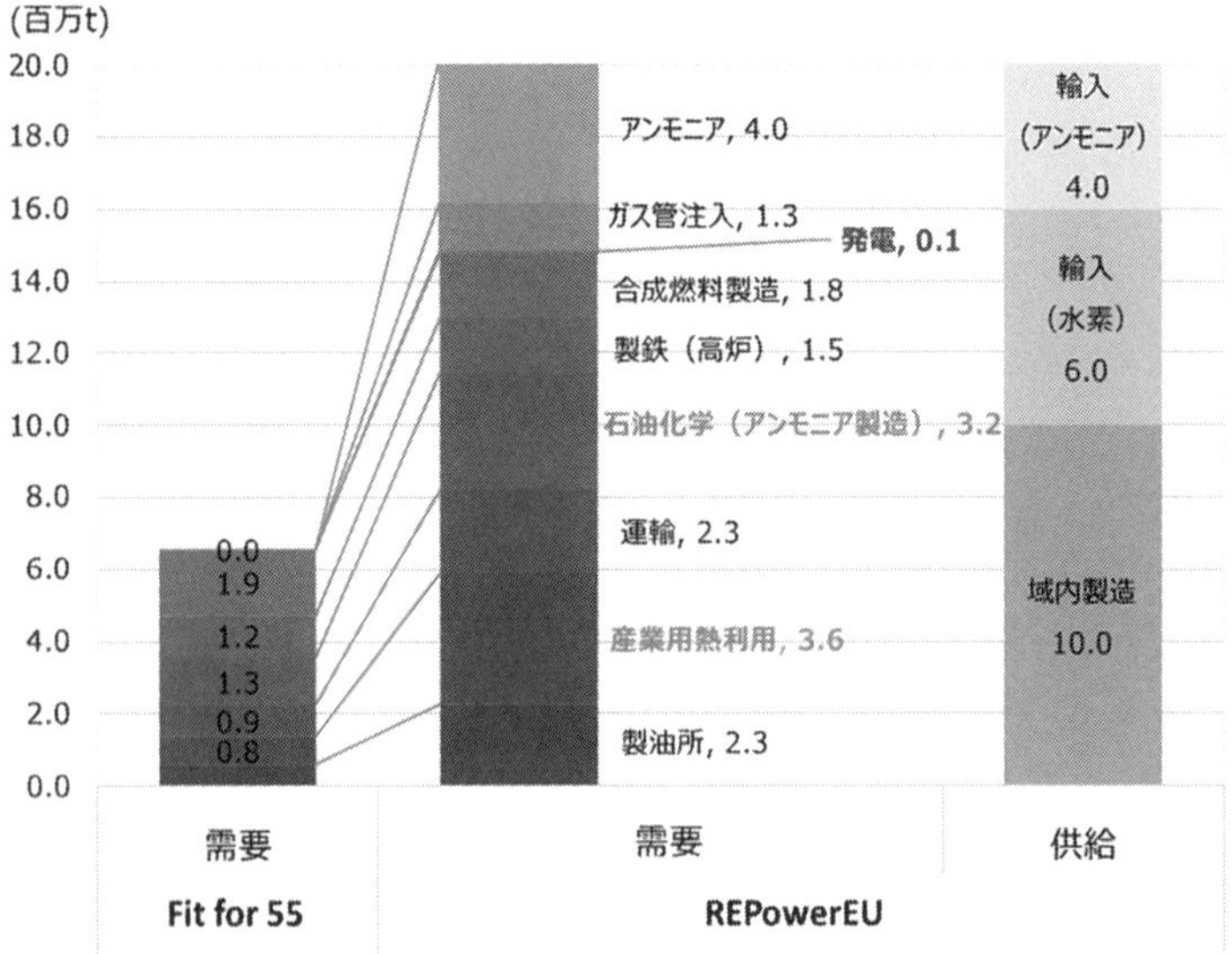


出所：「REPowerEU」を基に海外電力調査会作成

源としては、主に復興基金の中核政策「復興レジリエンス・ファシリティー（ＲＲＦ）」を挙げている。ＲＲＦは、返済不要の補助金と融資からなるが、他のＥＵ予算からの組み換えにより、融資分と合わせて全体で約３００億ユーロの資金投入が可能だとしている。欧州委員会は加盟国に対して、リパワーＥＵの目標に合わせた改革案と投資計画を国別復興計画に組み込むことを求めている。

　欧州委員会は、ロシアが震源となった今回のエネルギー危機を、エネルギー安全保障政策を強化すると同時に、脱炭素化の加速に活用することを狙っている。ＥＵ各国は、２０２２年から

２０２３年の冬は記録的な暖冬のおかげで、深刻なガス不足を何とか回避できたが、２０２３年から２０２４年の冬には、天候次第でガス需給のひっ迫が起きるリスクがあると警戒を続けている。「プーチンの戦争」の先行きは不透明であり、ＥＵは、エネルギー安全保障の確保と脱炭素化をどのように両立させるのか、加盟国間の利害調整を図りながら難しい課題への挑戦が続くことになる。

## 4-5　EUの炭素国境調整措置とグリーン貿易摩擦リスク

欧州委員会は、前述のように２０１９年に公表した欧州グリーンディールで、脱炭素化と産業競争力の両立を図るため、炭素国境調整措置（ＣＢＡＭ）の新設を求めていたが、２０２１年7月に具体的な制度が提案された。それによると、炭素含有量（カーボンコンテンツ）の高い電力、鉄鋼、セメント、アルミニウム、肥料を対象製品として、２０２３～２０２５年を試行期間、２０２６年以降に本格実施、また、移行措置である無償割り当ては２０３４年に廃止する内容となっている。その後、欧州理事会および欧州議会との協議を経て、２０２２年12月に大枠について政治的な合意が得られたが、その過程で新たな対象製品として水素や鉄・鉄鋼製のねじやボルトなどが追加されることになった。その結果、欧州理事会と欧州議会での正式な承認を得て、2023年秋から試行的な運用が始まることになっている。

CBAMとは、EUが排出量取引制度（EU-ETS）などの$CO_2$削減規制を強化するなか、いわゆるカーボンリーゲージ（規制の緩いEU域外への製造拠点の移転や域外からの輸入増加）対策として、域内の事業者がCBAMの対象となる製品を域外から輸入する際に、域内で製造した場合にEU-ETSに基づいて課される炭素価格に対応した価格の支払いを義務づけるものである。CBAMの導入によって、国家間で$CO_2$排出削減の義務・費用が異なることで生じる産業の競争条件の不均衡が是正される。また、$CO_2$の削減努力が不十分な国や、法的拘束力のある削減目標や行動の約束に消極的な国に対して、枠組みへの参加や義務の誠実な履行を促す誘因になるとしている。

一方、バイデン政権は、2022年8月にインフレ抑制法を成立させ、EVなどに対する税額控除を北米での最終組み立て、および蓄電池の重要鉱物などについて自由貿易措置を持つ国の原産地指定などを規定している（第5章を参照）。それに対して、フランスやドイツは懸念を強めるなど、中国のみならず西側諸国の間でもグリーン貿易摩擦につながるリスクが高まっている。

## 4-6　英国の脱炭素化とエネルギー安全保障戦略

英国は、2016年6月23日の国民投票でEU離脱を選択し、約3年半の歳月を経て離脱協定に基づき2020年1月31日にEUを離脱した。英国のジョンソン首相（当時）は2020年10月、2050年の温室効果ガス排出ネットゼロに向けた長期戦略である「ネットゼロ戦略」を発表し、2035年までに発電分野の$CO_2$排出ネットゼロを目指すとした。2021年の電源別発電量の割合をみると、天然ガスと再エネがそれぞれ40%、原子力が15%を占めるなど、すでにクリーンエネルギーが55%となっている（図4-4）。再エネの中では風力発電が2710万キロワットで、欧州諸国ではドイツに次いでスペインとほぼ肩を並べる風力発電大国となっている。

当時のジョンソン首相は、ロシアのウクライナ侵略によるエネルギー価格高騰を受け、2022年4月にはエネルギー自給率の向上に主眼を置いた「エネルギ

図4-4　英国の発電量割合（2021年）

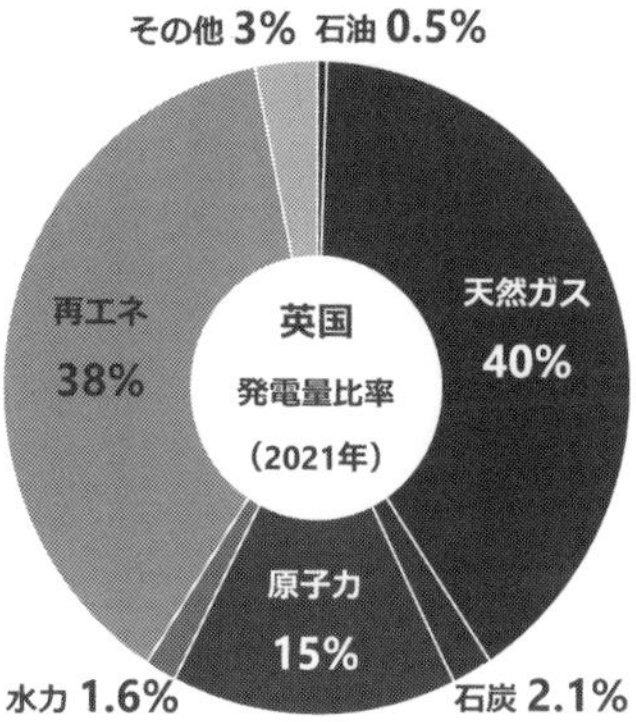


出所：「BP統計2022」を基に筆者作成

ー安全保障戦略（以下、エネ安保戦略）」を打ち出すなど、気候変動対策とエネルギー安全保障の両立に向けた取り組みを進めた。その後は国内政治の混乱もあったが、2022年10月に発足したスナク政権によって基本的な政策は引き継がれている。

「ネットゼロ戦略」と「エネ安保戦略」を比較すると、最も大きな違いは、北海の石油・ガスの新規開発プロジェクトの促進が盛り込まれた点である。その一方で、再エネや水素、原子力、炭素回収・利用・貯蔵（CCUS）などクリーンエネルギーの導入目標が引き上げられるなど、エネルギー安全保障と脱炭素化の両立を図ろうとする意図が読み取れる。

英国は、日本と同じように四方を海で囲まれた島国であり、早くから洋上風力発電に力を入れてきた。2020年時点での洋上風力の発電容量は1000万キロワットであるが、2030年までに5000万キロワット（うち500万キロワットは浮体式）に、また、PVについては、2021年の1400万キロワットから2035年までに5倍の7000万キロワットへの拡大を目指すとしている。さらに、水素については、2030年までに「低炭素水素」の製造能力を1000万キロワット、その半分以上は「グリーン水素」を目指す。そして、2025年までに1000万キロワットを導入するため、開発支援の入札を毎年実施するとしている。

原子力については、クリーンなベースロード電源として引き続き推進し、2030年までに最大8基の原子炉を新設、2050年までに現在の3倍となる2400万キロワットへ拡大する。また、小型モジュール炉（SMR）の建設と先進的モジュール炉（AMR）の研究開発を推進するとしている。

英国は、CCS／CCUS分野で世界のリーダーを目指し、2030年までに、年間2000万〜3000万トンの$CO_2$を回収するとしている。前述した大量の低炭素水素の製造には、ブルー水素製造のためCCS／CCUS設備が必要であり、2025年までに2カ所、2030年までに4カ所の産業クラスターにCCUS設備を導入するとしている。

英国政府は、新設されたエネルギー安全保障・ネットゼロ省が中心になってまとめた新たなエネルギー投資政策、「Powering Up Britain」を2023年3月末に発表した。再エネと原子力への巨額の投資を通じて、エネルギー源の多様化と脱炭素化および国産化を進めることで、国内での雇用創出とクリーンエネルギー産業戦略で優位に立つとの考えを一段と明確にしている。

2023年3月末に、英国の環太平洋パートナーシップ協定（TPP）加盟に全加盟国が合意したことで、今後、英国は、環太平洋地域における低炭素技術の開発と普及に向けて、これまで以上に大きな役割を果たすことになるだろう。

【脚注】

（1）水素の名称については、定義が明確ではなく国際的な合意もないことから、ＩＥＡは報告書での使用を避けている。例えば、原子力を利用して製造する水素は「ピンク／パープル水素」、また、石炭から製造される水素でＣ$O_2$が排出される場合、「ブラウン／ブラック水素」と呼ばれることもある。

（2）ＥＵタクソノミーとは、企業の経済活動が地球環境にとって持続可能であるかどうかを判定し、グリーンな投資を促すＥＵ独自の仕組みのこと。タクソノミーは「分類」という意味で、持続可能な経済活動に取り組む企業の明確化を目的としている。気候変動対策と経済成長の両立を目指す「欧州グリーンディール」の中核を成し、分類の具体的なプロセスを定めたタクソノミー規則（Regulation）は、ＥＵ加盟国すべてに適応され、国内法よりも優先される。

# 第5章

# 始動する米国のクリーンエネルギー戦略

世界最大の経済大国であり、エネルギー資源大国でもある米国では、１９９０年代以降、地球温暖化を巡って国論が大きく分かれ、政権が交代する度に対外的な気候変動政策が迷走を続けてきた。国連気候変動に関する政府間パネル（ＩＰＣＣ）は、２０２３年3月に第6次統合報告書を発表し、地球温暖化による気象災害や食糧危機、紛争などの悪化を防ぐための時間は、わずかしか残されていないと強い危機感を訴えた。西側諸国のリーダーである米国の気候変動対策の動向が、世界の将来を大きく左右する。

## 5-1 バイデン政権発足で一変する気候変動政策

米国は、２０２１年2月19日、共和党のトランプ政権で離脱した地球温暖化防止の国際条約である「パリ協定」に正式に復帰した。民主党のバイデン大統領は、就任直後の同年1月20日にパリ協定への復帰を決定し、同協定の規定によって通知から30日後に復帰が認められたのである。当時のトランプ大統領は、パリ協定により米国は温暖化対策で巨額の支出と雇用喪失、工場閉鎖、産業界や家庭に高額なエネルギー費用の負担が強いられると強く反発していた。

一方、バイデン大統領は、クリーンエネルギー経済の実現は「義務となるだけではなく」、国内エネルギー業界を新たなビジネスと質の高い雇用で活性化する「機会ともなる」と述べ、気候変動の脅威に立ち向かう強い決意を表明した。ブリンケン国務長官も、気候変動と科学外交はわが国の外交政策の議論において二度と付随的な扱いにすることはなく、これらは、国家安全保障や移民、国際的な公衆衛生の向上、経済外交、貿易交渉において不可欠なものになると述べている。

今回のパリ協定復帰で思い起こされるのは、1997年に京都で開催されたCOP3で合意された「京都議定書」を巡って米国政府が取った一連の対応である。当時の民主党のクリントン政権は温暖化対策に積極的で、日米欧など先進国の国別温室効果ガスの削減目標で難航が続くなか、合意に向けて強いリーダーシップを発揮した。しかし、2001年に共和党のブッシュ政権が登場すると、早々に京都議定書から離脱を表明した。その理由として、温室効果ガス削減は米国経済の成長を阻害すること、また、新興・途上国の削減目標が決められておらず不公平であるとした。

二大政党制を採る米国では、多くの政治課題で保守とリベラルのイデオロギー対立が常態化してきた。環境問題でも、積極的な民主党と消極的な共和党が激しい意見対立が続いてきたといえる。大気汚染や水質汚濁などローカルな環境問題であれば国内問題として扱えるが、気候変動問題になるとその影響は世界の動向を左右することになる。さらに、米国では、合衆国憲

図5-1　米国の発電量見通し　EIA基準シナリオ(2023年)

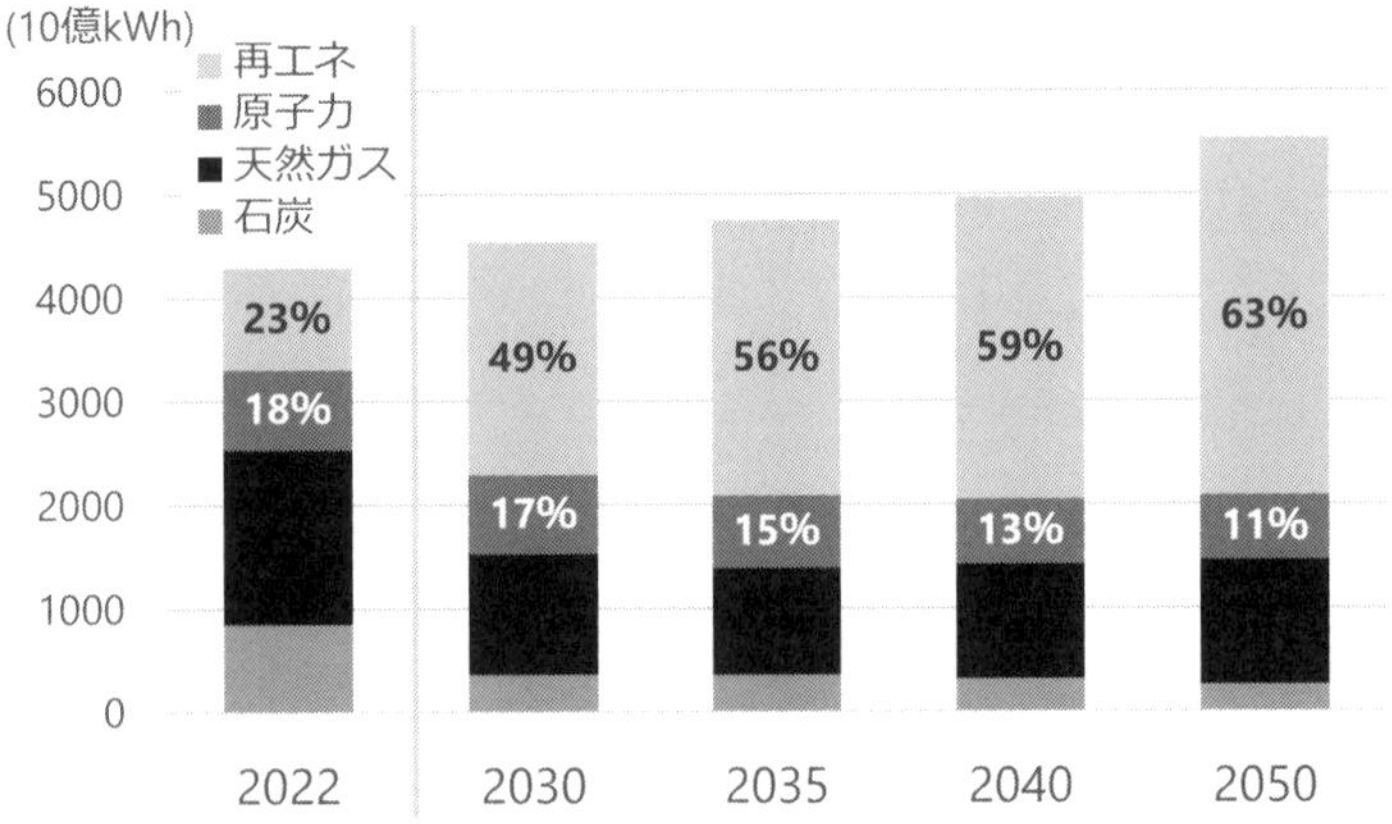


出所：EIA, "Annual Energy Outlook 2023"を基に筆者作成

法（1787年に成立）に基づいて厳格な三権分立制が採られ、大統領、議会、裁判所の相互抑制によって専制政治を防ぐ統治制度となっている。

このような米国特有の政治状況を背景に、バイデン大統領は、2021年4月に主催した気候サミット（オンラインで開催）で、2030年の温室効果ガス排出量を2005年に比べて50～52％の削減目標を発表し、2050年にはCNを目指すとした。また、2035年までに、すべての国内電力をクリーン電力源から調達するという目標も掲げた。気候変動対策に消極的なトランプ政権の姿勢から一転して、世界の脱炭素化に向けて国際協調を主導する姿勢を世界に宣言したのである。

ちなみに、米国エネルギー情報局（ＥＩＡ）による2023年の年次報告書では、総発電量に占めるクリーン電源（再エネ、水力、原子力）の割合が２０２２年の42％から２０３５年には71％に急増するとみている（図５－１）。２０２２年の年次報告書では、２０３５年のクリーン電源の割合を54％と想定していたので、インフレ抑制法によって電源の脱炭素化が加速されるとみている。それでも、米国の温室効果ガス排出量は２０２０年時点で約60億トン、２００５年比で約13％の減少にとどまっているため、２０３０年の50～52％の削減目標は非常に野心的だといえるだろう。

## ５－２　２つの重要法案を成立させたバイデン政権

バイデン政権にとって、このような野心的な脱炭素化の目標を、どのような政策手段で実現するかが最も重要な課題となっていた。バイデン大統領にとって幸いであったのは、２０２１～２０２２年において、政権与党の民主党が上下両院で何とか過半数を維持していたことである。その大きな成果は、気候変動対策を重要な柱とするインフラ投資・雇用法（ＩＩＪＡ：Infrastructure Investment and Jobs Act）とインフレ抑制法（ＩＲＡ：Inflation Reduction Act）の2法案が議会を通過し、大統領の署名を経て法律として成立したことである。

まず、バイデン大統領が21世紀の経済競争に勝つための「一世一代」のインフラ投資法案と呼んだインフラ投資・雇用法は、2021年11月に成立した。その総額1兆2000億ドルのうち、過去に財源手当された支出を除いた新規支出は，今後5年間で5500億ドルとなっている。この5500億ドルのうち、輸送部門インフラとして、道路橋梁の整備に1100億ドル、旅客・貨物鉄道整備に660億ドルを支出するほか、全国50万カ所のEV充電施設の整備などに150億ドルが充てられる。非輸送部門インフラでは、主には水道インフラ整備に550億ドル、ブロードバンド網整備に650億ドルを充てるほか、気候変動対策をにらんだクリーンエネルギー開発に650億ドルが充てられる。

そのうち米国エネルギー省（DOE）に対して、総額620億ドル以上の予算が設定されており、既存の原子力発電所の早期廃止を防ぐことを目的とした運転継続の支援に60億ドル、クリーン水素関連に80億ドル、CCS・排出削減対策に100億ドル以上、EV用蓄電池サプライチェーン対策関連に70億ドル以上などが含まれている。

すでに2022年11月には、大部分の資金をインフラ投資・雇用法から拠出して、送電網の新設・改良に助成金130億ドルを支出する実施計画が発表された。民間企業などへの助成金としては、異常気象や自然災害に対応するための送電網の整備や、送電容量の増加や再エネ電力向け送電網の整備をはじめとする電力システムの効率化、地域間送電やクリーンエネルギーの促進に取り組む自治体への支援などが含まれている。

もうひとつのインフレ抑制法は、２０２２年8月に成立したが、総額４９９０億ドルのうち気候変動対策に過去最大規模の予算となる10年間で３９１０億ドルを充てるとしている。その背景には、バイデン大統領が国際公約として、２０３０年までに温室効果ガス排出量を２００５年比で50～52％削減するとの目標がある。ＤＯＥは、インフラ投資・雇用法とインフレ抑制法に盛り込まれた気候変動対策によって、２０３０年までに温室効果ガス排出量の40％を削減できると試算しており、国際公約にかなり近づけるとしている。

## 5-3 インフレ抑制法における主要な気候変動対策

日本貿易振興機構（ＪＥＴＲＯ）の地域・分析レポート（２０２２年10月22日）によると、主要な気候変動対策として、次のような項目が挙げられている。

### 1. クリーンエネルギー導入に伴い認められる税額控除

- クリーン生産設備―ＰＶパネル、風力タービン、バッテリーなどを製造するための設備投資や、化学、鉄鋼、セメントの工場などで大気汚染を削減するための設備の導入に対して税額控除する。

・$CO_2$回収・貯留（ＣＣＳ：Carbon dioxide Capture and Storage）、直接空気回収（ＤＡＣ：Direct Air Capture）、石油増産回収（ＥＯＲ：Enhanced Oil Recovery）など―２０３２年までに建設を開始したＣＣＳ関連施設を対象に、既存の税額控除額を拡充する（控除額は回収方法によって異なる）。あわせて、ＤＡＣやＥＯＲの施設も対象に加える。

・家庭でのＰＶ設備の設置に対する税額控除の延長―ＰＶ設備などについて、購入額の30％まで税額控除する。

・省エネ機器の購入に対する一部還付―ヒートポンプなど省エネ機器を購入する場合、１世帯あたり最大１万４０００ドルを還付する。

・その他―原子力発電、持続可能な航空燃料（ＳＡＦ〈サフ〉：Sustainable Aviation Fuel）、クリーン水素などの燃料エネルギー製造に対する税額控除の制度を新設する。

## 2. ＥＶの購入に伴う税額控除

ＥＶの中古車および新車を購入した場合、購入者はそれぞれ最大４０００ドルと７５００ドルの税額控除を受けられる。従来は、税額控除の要件としてメーカー当たりの累計販売台数に上限が設けられていたが、２０２２年12月31日に撤廃される。他方、これ以外に関してかなり厳しい新たな要件が規定されている。

### 3. メタンガスの排出量削減対策

メタンガス排出量の監視を強化する体制づくりのため、財源が環境保護庁に割り当てられる。排出量が基準を超過した対象企業については、2024年中は1トン当たり900ドルが徴収される。徴収額は段階的に引き上げられ、2025年中は1200ドル、2026年以降は1500ドルになる。一方、メタンガスの排出量を削減し、基準以下にした企業には補助金が付与される。

このようにバイデン政権は、2021年と2022年の2年間に、気候変動対策で非常に大きな成果を挙げたといえる。しかし、2022年11月8日に行われた連邦議会の中間選挙で民主党は、上院ではかろうじて多数派を維持できたが、下院では少数派になり、「ねじれ議会」となった。バイデン政権は、少なくとも2024年末までの間、共和党議員の合意が必要な立法などの施策が困難となるため、既存の法令で気候変動対策を着実に実行することになる。

## 5-4 導入支援策で急増する太陽光発電と風力発電

バイデン政権は、2035年までに電力部門の脱炭素を目指すことを表明しているが、それを実現するには、再エネや原子力などクリーンエネルギーの導入を加速させることが不可欠となる。

EIAによると、2022年における米国の総発電量は4兆3210億キロワット時であるが、水力を含む再エネは9900億キロワット時で全体の22％を占めており、そのうち風力発電が4397億キロワット時（再エネの44％）、PVが2050億キロワット時（同21％）で、2010年以降は急激な増加傾向にある。EIAの基準シナリオでは、PVと風力は2032年にそれぞれ1兆250億キロワット時（再エネの42％）で並び、2033年以降はPVがトップシェアを占めるとみている（図5-2）。

EIAの基準シナリオによると、風力発電の設備容量は、2022年の1億4500万キロワットから2030年には約3億キロワットとほぼ倍増すると予測している。その大部分は陸上風力発電であり、ノースダコタ州からテキサス州北西部に至るロッキー山脈の東側「風の回廊（wind corridor）」と呼ばれる風況の良い地域を中心に開発が進んでいる。州別にみると、

図５-２　米国の再エネ発電量の見通し　EIA基準シナリオ（2023年）

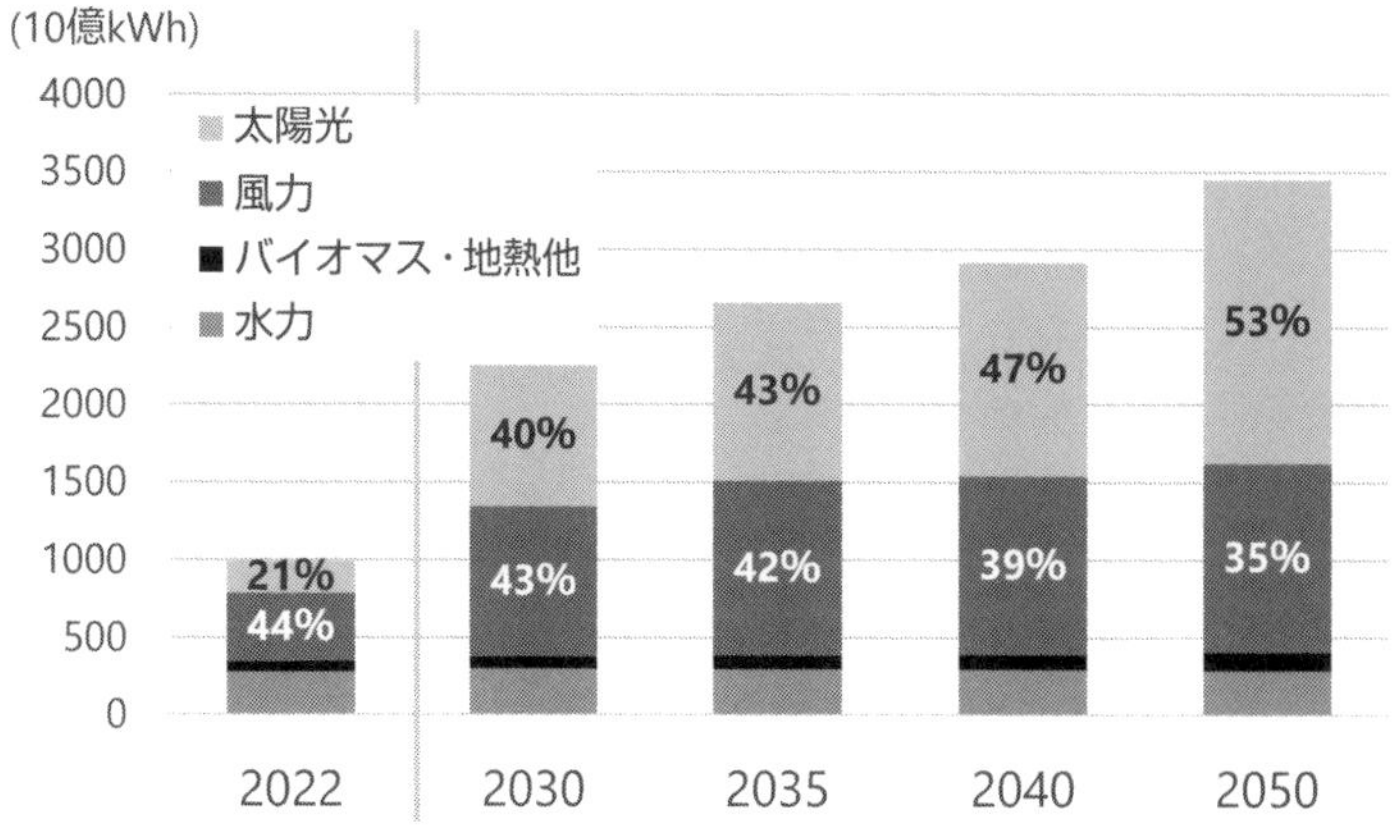


出所：EIA, "Annual Energy Outlook 2023" を基に筆者作成

テキサス州が最多で、全米の累計導入量の約25%を占めている。

それに対して、洋上風力発電は２０２２年時点で50万キロワットであるが、２０３０年には１０００万キロワット、２０３５年には２３５０万キロワットに拡大するとみている。一方、ＤＯＥによる洋上風力の導入目標は30年で３０００万キロワットであり、稼働中や建設中、運転開始時期が未定の計画中のものも含めれば４０００万キロワットになるため、２０３０年までに２６００万〜３２００万キロワットに達するとの民間予測も出されている。

また、ＰＶ（事業用と需要家設置の合計）の設備容量は、２０２２年の１億２５００万キロワットから２０３０年には４億３２３０万キロワットと約３・５倍に急増するとみている。インフレ抑制法によって、ＰＶ設備に対する投資税額控除が10年間延長された効果が非常に大きいと考えられる。

## 5-5 期待が高まる水素の導入拡大とCCS関連プロジェクト

インフラ投資・雇用法では、クリーン水素ハブに対して総額80億ドルの支援が盛り込まれているが、現在は、その資金援助の獲得に向けて、米国の各地域で「クリーン水素ハブ」の開発に向けた連携が加速しており、２０２３年秋には支援先が選定される予定となっている。また、インフレ抑制法により、適格な条件を満たした設備におけるクリーン水素の製造に対して税額控除制度が新設された。風力や太陽光などの再エネ電力を利用して生産したグリーン水素は、最大で3ドル／キログラムを得られる。グリーン水素の生産コストは5ドル程度／キログラムとされており、助成によって半分以上がカバーされることになる。

ＤＯＥは、２０２２年9月に国家クリーン水素戦略・ロードマップの草案を公表したが、その中で米国には、２０３０年に１０００万トン、２０４０年に２０００万トン、２０５０年に５０００万トンのクリーン水素を導入できる機会があるとの展望を示している。導入に向けては、①クリーン水素の戦略的かつインパクトの大きい用途をターゲットとし、②コストを削減し、③地域のネットワーク構築に集中するという戦略を示している。

一方、CCSについては、インフラ投資・雇用法による支援策に基づいて、DOEは複数のプログラムを開発している。具体的には、$CO_2$回収の実証への支援（25億ドル）、$CO_2$輸送インフラ構築プロジェクトへの融資（21億ドル）、大規模な$CO_2$の貯留設備の新設などへの支援（25億ドル）、DAC技術で回収した$CO_2$を貯留・利用する地域ネットワーク「地域DACハブ」構築の支援（35億ドル）などである。資金提供の公募を経て、2023年内にかけて支援先を決定し、CCS関連プロジェクトが動き出す運びとなっている。また、インフレ抑制法によって、CCSに対する税額控除制度の延長・修正がなされ、従来からあるCCSに関する連邦税の優遇制度の大幅な拡充が行われることになった。

## 5-6 気候変動対策に不可欠な原子力発電

バイデン政権は、原子力を再エネとともに気候変動対策の目標達成に不可欠な重要電源と位置づけている。そのため、既設の原子力発電所を継続して活用することに加えて、新しい先進型原子炉の開発に向けて積極的な投資の推進に動き始めている。

インフラ投資・雇用法には、早期閉鎖のリスクにさらされている商業炉の救済と$CO_2$排出量の削減を目的とした「民生用原子力発電クレジット（CNC：Civil Nuclear Credit）プログラム」が含まれているが、2022年11月にDOEは、最初の適用対象を選定した。それは、2025年までに閉鎖が予定されていたカリフォルニア州のディアブロキャニオン1・2号機（各PWR、117万キロワット×2基）で、支援額は最大で11億ドルに上ると推定されている。

インフレ抑制法では、既設炉を対象に最大で1・5セント／キロワット時の生産税控除（PTC：Production Tax Credit）が新設され、2024〜2032年の期間に適用されることになっている。新設原子力（2025年以降に着工、運転開始する先進型原子炉）に対しては、稼働開始から10年間は投資税額控除（ITC：Investment Tax Credit）またはPTCの選択が可能となる。

2023年1月1日時点で稼働中の原子炉は92基あるが、そのうち84基は1回目のライセンスを更新しており、当初の40年から20年延長して60年運転が可能となっている。また、2回目のライセンス更新により、80年運転を目指す動きが本格化しており、すでに6基が原子力規制委員会（NRC：Nuclear Regulatory Commission）の認可を得ており、現在9基が審査中である。

新型原子炉としては、小型モジュール炉（ＳＭＲ：Small Modular Reactor）に注目が集まっている。その理由として、従来の大型原子炉に比べて初期投資額が少なく、出力が小さいため自然冷却が可能となり安全性が高いこと、また、モジュール設計の採用によって工程遅延のリスクが低いことなどが挙げられている。

このうち、軽水炉型ＳＭＲの設計は、既設の従来型原子炉の設計と類似性が高く、非軽水炉型ＳＭＲと比較して、商業展開に近い成熟した技術であると考えられている。この分野で最も先行しているのが、ニュースケール社（本社：オレゴン州ポートランド）である。２０２３年１月にＤＯＥは、ＮＲＣが同社のＳＭＲ発電所の設計を標準設計のひとつに認定したと発表した。今後、電力会社は、新規原子力発電所の建設や運転の認可を申請する際、ニュースケール社のＳＭＲ発電所を選択することが可能になる。

同社には、２０２１年に日本の日揮とＩＨＩが、２０２２年には国際協力銀行（ＪＢＩＣ）が出資を決めるなど、日本企業も高い関心を持っている。すでにユタ州公営共同電力事業体は、アイダホ国立研究所の敷地内で、１基あたりの出力が7・7万キロワットのモジュールを６基備えたＳＭＲで、順調に進めば２０２９年までに初号機の運転を目指すとしている。

また、非軽水炉型ＳＭＲは、炉心冷却に液体金属やガスなどを用いる先進型原子炉で、

2030年代の実用化を目指して研究開発が進められている。すでにDOEは、テラパワー社とX-エナジー社のプロジェクトに、それぞれ8000万ドルの支援を実施すると発表しており、今後は前述2社のプロジェクトを含む先進型原子炉開発プロジェクトに、約7年間で総額約32億ドルの投資を行うとしている。

## 5-7　EVを巡り表面化するグリーン貿易摩擦

これまでみてきたように、バイデン政権は、クリーンエネルギー開発に全力で取り組み始めている。その背景には、再エネや蓄電池、EVなど低炭素技術で世界の覇権を目指す中国に対する強い危機感がある。しかし、インフレ抑制法におけるEVの購入者に対する補助金のあり方を巡って、特にEUと韓国の自動車メーカーから強い懸念が出されている。

これまで米国では、EVの購入を促進するため、生産された国にかかわらず最大7500ドルを所得税から控除できる実質的な補助金の制度があった。ところが、インフレ抑制法では税額控除の要件が変更となり、次のような新たな要件が追加されることになった。

①価格が5・5万ドル（バンやSUV、ピックアップトラックは8万ドル）未満であること。
②車両の最終組み立てが北米（米国、カナダ、メキシコ）で行われていること。
③電池材料の重要鉱物のうち、調達価格の40％が自由貿易協定を結ぶ国で採掘あるは精製されるか、北米でリサイクルされていること。
④電池用部品の50％が北米で製造されていること。

この中で特に問題となっているのが②～④で、製造や採掘を米国などに限定することから「メイドインアメリカ条項」とも呼ばれている。発端は、ＥＶの重要な部材を中国など対立関係にある国や地域に多く依存している現状を問題視したもので、国内産業の支援に加えて経済安全保障を強化する狙いがある。③は２０２７年に80％、④は２０２９年に１００％まで段階的に引き上げられる予定となっている。

２０２２年8月にインフレ抑制法が成立した直後から多くの国や地域、さらに、自動車メーカーなどが「自由貿易協定（ＦＴＡ）やＷＴＯ協定に違反している」などとして強く反発してきた。中国は、同年9月に「必要に応じて自国の利益を守るために行動を取る」と宣言し、ＥＵも同年10月に米国との間で正式にタスクフォース（議論の場）を設けることを公表したほか、フランスのマクロン大統領やドイツのショルツ首相が報復措置を示唆したうえで、要件の緩和を要求した。日本は現在、米国で販売しているEVが少ないため、自動車メーカーや政府は静観を続けてきた。

このようななか、米国の財務省は2023年3月31日、消費者がEVを購入する際の税優遇の指針を発表したが、日本とEU、韓国が求めていた北米以外で生産した輸入車への税優遇措置を見送った。同時にバイデン政権は、日本国内で採取、加工された重要鉱物をEV用電池に使い、車体を北米で組み立てれば、日本企業の製品も税優遇の対象にすると正式発表した（同年4月18日から適用）。これまで米国政府は、日本をFTA締結国とみなしてこなかったが、日米両政府が同年3月28日にEV用電池に使う重要鉱物の供給網を強化する協定を締結したのを受けて、新協定をFTA相当の扱いにすると決めたのである。

米国は、重要鉱物に関するFTAの要件を一部緩和したが、北米での最終組み立て車を税額控除対象とする前提条件は残っている。今後、EVを巡っては米中だけでなく、米国と日本やEU、韓国など西側諸国の間でも新たな「グリーン貿易摩擦」がさらに激しくなるリスクが高まっている。

# 第6章

# 中東産油国は
# 水素・アンモニアの輸出大国に

20世紀は「石油の世紀」と呼ばれたが、中東は世界の石油供給基地として、長年にわたり重要な役割を果たしてきた。石油は、今でも世界の1次エネルギー消費の約30%を占める最大のエネルギー源である。その中東では、安価で豊富な石油資源の確保を巡って、大国間の争いが繰り返されてきた。過去半世紀を振り返ると、1973年の第4次中東戦争や1979年のイラン革命、1990年のイラクによるクウェート侵攻、2003年のイラク戦争など、中東産油国を巻き込む戦争や革命が相次ぎ、石油の供給不安と価格高騰によって世界経済に大きな影響を与えてきた。その中東産油国は、現在の世界的な脱炭素化の潮流の中で、大きな転換期に立たされている。

## 6-1 世界の脱炭素化と中東産油国

世界は現在、化石燃料からクリーンエネルギーへの移行期にあり、石油・天然ガス資源の輸出に全面的に依存している中東産油国は、早急な経済改革を迫られている。エネルギー移行で思い出されるのは、1980年代にサウジアラビアのヤマニ元石油大臣が語っていた言葉である。「石器時代が終わったのは石がなくなったからではない」と常に述べていた。石器時代が終わったのは、新しい技術が導入されたからであり、石油の時代が終わるのも、石油が枯渇するからではなく、新技術で石油が代替され、消費者が利用しなくなるからだという意味である。

石油は、100年以上にわたって自動車エンジンの動力源となってきたが、21世紀においては、EVでは電力、燃料電池車（FCV）では水素がその役割を果たすことになる。その電力を再エネや原子力、CCSを併設した火力発電で、また、その電力を使って水電解で水素を製造すれば、クリーンエネルギーとして利用できる。ただし、石油は、各国の産業や国民生活にとって貴重なエネルギー源として今でも幅広く利用されており、クリーンエネルギー移行には長い年月を必要とする。

世界の長期的な石油需要の推移をみると、1970年代の石油危機や2020年の新型コロナ禍などで需要が一時的に落ち込んだ時期はあったが、その後は再び増加基調に戻っている（図6-1）。そのようななか、石油需要の動向を少し詳しくみると、顕著な構造的な変化が現れている。まず、日米欧を中心とするOECD諸国では、石油需要は2000年前後にほぼピークに達して、その後は減少傾向にあることだ。1997年12月に京都で開催されたCOP3で合意された「京都議定書」で、先進国の温室効果ガス排出量の国別削減目標が設定されたことが影響したと考えられる。

それに対して、中国やインドなど非OECD諸国の石油需要は急増を続け、2010年代に

**図6-1　新興国が主導する世界の石油需要**

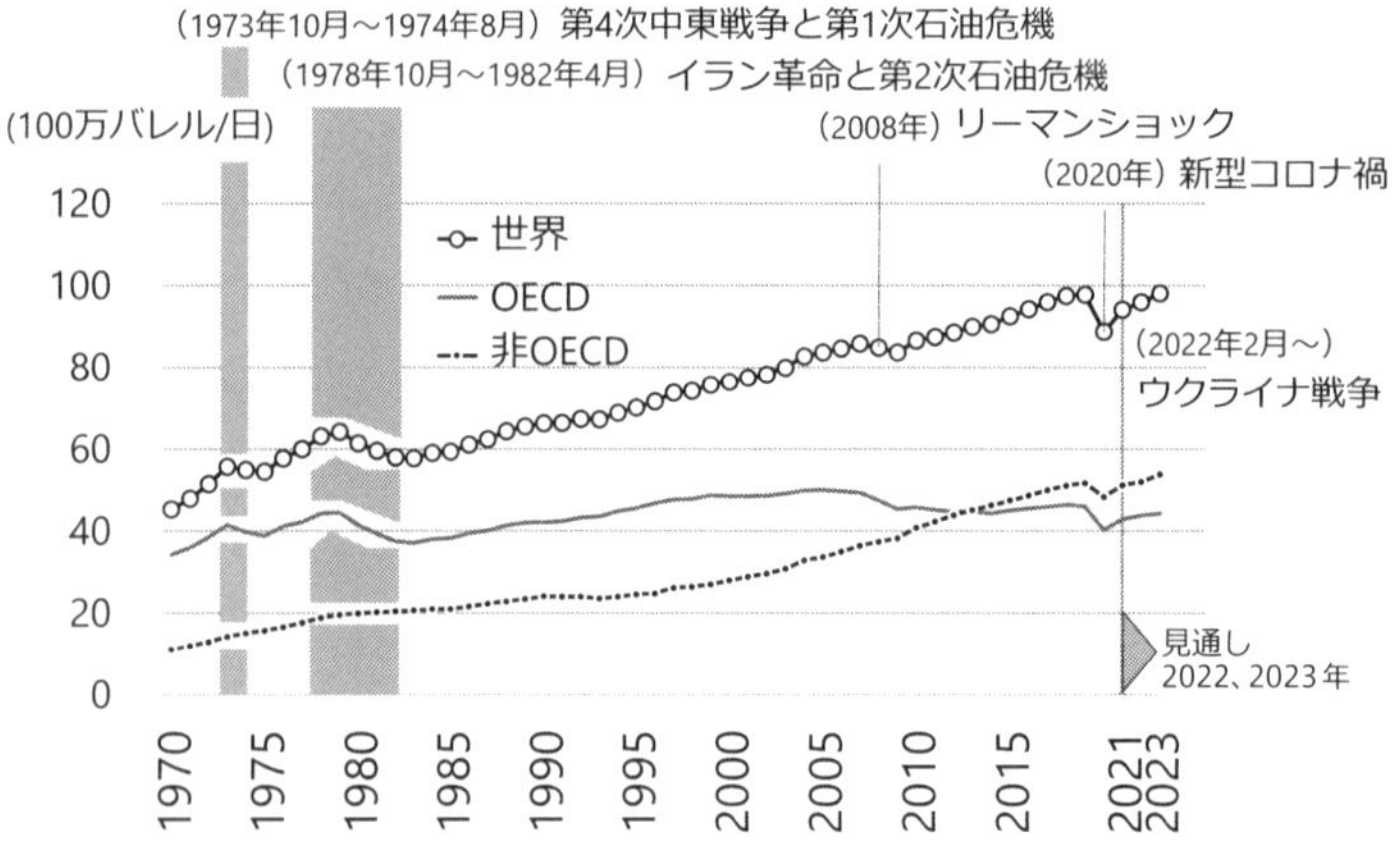


出所：各種資料を基に筆者作成

入るとＯＥＣＤ諸国を上回るようになった。最大の要因は、中国が２００１年末に世界貿易機関（ＷＴＯ）に正式加盟して以降、目覚ましい経済発展を遂げたことである。その中国は、２０１５年の「パリ協定」に合意し、２０３０年までに温室効果ガス排出量をピークアウトさせると宣言している。すでに中国は、ＥＶを初めとする低炭素技術の導入で世界の先頭を走っており、２０３０年までに石油需要が頭打ちになる公算が高い。今後、脱化石燃料の取り組みが加速することから、世界の石油需要は２０３０年前後をピークにして減少傾向に向かうとみられている。

## 6-2 エネルギー移行と中東産油国のリスクとチャンス

サウジアラビアやＵＡＥなど中東産油国は、国家収入の大半を石油収入に依存しており、原油価格を高値で安定化させるため、かつてはＯＰＥＣ、近年はサウジアラビアとロシアが協調して「ＯＰＥＣプラス」による需給調整に取り組んできた。今回のロシアによるウクライナ侵略で、中東産油国は足元では高価格による産油収入の急増という思いがけない幸運に恵まれている。

しかし、原油高によるガソリンや軽油価格の高騰は、ＥＶなどクリーン自動車の普及を早め、中長期的には石油消費を抑制する要因となる。また、２０３０年代以降、世界の石油需要が減少に向かえば、縮小する輸出市場を巡って産油国の間でパイの奪い合いが起きる恐れもある。そうなれば、安定した石油収入の確保が難しくなり、産油国経済の基盤が大きく揺らぐことになる。エネルギー移行によるリスクを最小化するためにも、中東産油国は、石油輸出に代わる新たな産業の育成に取り組む必要に迫られている。

幸いなことに、多くの中東産油国は、人口数に比べると国土面積が広く、また、日射量も非常に豊富であるため、大規模なＰＶや風力発電を立地できる適地に恵まれている。さらに、原油の生産設備、製油所、天然ガス・ＬＮＧの生産や輸出関連設備、周辺のインフラが整備されており、再エネによるグリーン水素・アンモニアや天然ガスとＣＣＳを活用したブルー水素・アンモニアの供給源として高い競争力を持っている。

中東産油国は、ウクライナ戦争による原油価格の高騰で、短期的に経済的なメリットを享受しているが、中長期的には、脱炭素化で石油収入が低迷するリスクを抱えている。エネルギー移行に伴うリスクをチャンスに転じるため、中東産油国は、地理的な優位性を生かしてクリーンエネルギー開発に本腰を入れ始めている。

すでにサウジアラビアは２０６０年までに、ＵＡＥは２０５０年までにCNを目指すことを宣言している。そのＵＡＥは、「国際再生可能エネルギー機関（ＩＲＥＮＡ：International Renewable Energy Agency）」の本部をアブダビに誘致するなど、気候変動対策に関して積極的な活動を続けている。また、サウジアラビアは、２０２1年3月に「サウジ・グリーンイニシアティブ（ＳＧＩ：Saudi Green Initiative）」と「中東グリーン・イニシアティブ（ＭＧＩ：Middle East Green Initiative）」を立ち上げ、地域の炭素排出量を60％削減することを目標に地域協力を呼びかけている。

## 6-3 サウジアラビアの再エネと水素・アンモニア開発

２０１５年1月にサウジアラビアの第7代国王に即位したサルマン国王は、同年4月、当時29歳の息子であるムハンマド国防相を副皇太子（2年後に皇太子に昇格）に抜擢、経済開発諮問会議の議長に任命して、国内の経済・財政・社会改革に着手した。同皇太子は、経済・財政における石油依存からの脱却を目指して、２０１６年には経済改革構想「ビジョン２０３０」を発表した。ムハンマド皇太子は、ビジョン発表の記者会見で、「石油収入への依存は石油中毒で有害である」とし、「サウジアラビアの収入の源泉を原油から投資に変える」、「２０３０年には原油なしでも生き残る」と述べていた。

その後は事実上、国政全般を取り仕切ってきたムハンマド皇太子は、前述のように２０２２年3月には、ＳＧＩを立ち上げた。脱炭素化に向けた具体策として、今後数十年でサウジ国内に１００億本の植樹を行い、また、２０３０年までに電力の50％を自然エネルギーで賄うとの目標を掲げた。ＳＧＩを開始して以来、すでにサウジアラビア国内に１８００万本を植樹し、そのうち１３００万本がマングローブであるとしている。

ＳＧＩでは植樹以外にも炭素回収技術や再エネ開発にも取り組み、サウジアラビアは世界的

表6-1　サウジアラビアのグリーン水素プロジェクト

| プロジェクト | 事業主体 | 水素 | アンモニア | 電力 | 備考 |
|---|---|---|---|---|---|
| NEOM | NEOMグリーン<br>水素会社<br>（NEOM、<br>ACWAパワー、<br>エアプロダクツ） | 650<br>トン/日 | 120万<br>トン/年 | 4GW<br>太陽光<br>・風力 | 投資額は50億ドル<br>2022年4月工事開始<br>2026年稼働予定 |

出所：各種資料を基に筆者作成

なリーダーを目指している。「ビジョン２０３０」を基に策定された計画では、再エネ発電の目標として２０２３年に２７３０万キロワット、２０３０年に５８７０万キロワットを掲げて、発電施設の入札が行われてきた。現在は、ＰＶを中心に建設ラッシュが続いており、２０２４年頃には約５００万キロワットが稼働する見通しだが、当初の目標達成は容易ではなく、今後は新規プロジェクトの契約を加速させるとしている。

また、サウジアラビアは、水素とアンモニア事業にも乗り出しており、アブドルアジズ・エネルギー大臣は、２０３０年までに年間４００万トン前後の水素製造・輸出を行うと述べている。すでに２０２２年４月に建設が始まったサウジアラビア北西端に位置するスマート都市ネオムシティ（ＮＥＯＭ）①では、日量６５０トン（年間約24万トン）のグリーン水素をベースに、年間１２０万トンのアンモニア製造が２０２６年から開始される予定である（表６-１）。その事業主体は、ＮＥＯＭ、海水淡水化や再エネ事業を手掛ける地場のＡＣＷＡパワー、米国ガス大手エアープロダクツの３社で、世界最大級のグリーン水素・アンモニア燃料の製造施設となる。

また、2022年11月にムハンマド皇太子は韓国を訪問したが、その際にサムスン物産、ポスコなど韓国企業5社のコンソーシアムとサウジアラビア国富ファンド（PIF：Public Investment Fund）の間で、ネオムシティで65億ドル規模の「グリーン水素プラント建設推進プロジェクト」で了解覚書（MOU）を締結した。一方、日本のエネルギー・金属鉱物資源機構（JOGMEC）は、国営石油会社サウジアラムコとの間で、水素・アンモニアを対象として、その製造や貯蔵にかかわるプロジェクト支援・技術開発・人材育成で連携していくことで合意し、2022年10月に「水素・アンモニア分野における包括協力協定」を締結している。

このようにサウジアラビアでは、ネオムシティなどの西部地域ではグリーン水素、また、東部地域の油・ガス田地帯ではブルー水素の製造に適した地域だと考えられている。具体的には、200兆立方フィートの埋蔵量を持つとされるジャフーラのシェールガス田がブルー水素の製造に使われるとみられている。現在、建設中であるネオムシティのグリーン水素製造量が年間24万トン弱であることを考えると、目標の400万トンの多くはブルー水素が担うことになりそうである。

さらに、2022年4月には、国営石油会社アラムコとサウジ基礎産業公社（SABIC）の子会社はドイツに本拠を置く独立の試験・検査・認証機関から、世界初のブルー水素・アンモニア製造の第三者認証を取得している。認証は、東部州ジュベイルを拠点とするＳＡＢＩＣが製造する３万７８００トンのブルーアンモニアと、同じくジュベイルにあるアラムコの自社製油所で生産する８０７５トンのブルー水素が対象となっている。水素とアンモニアのブルー認証には、その生産プロセスで排出する$CO_2$の大部分を回収し、下流の工程で利用する必要がある。アラムコは、２０３０年までに年間最大１１００万トンのブルーアンモニアを製造する目標を発表し、現在は炭素回収能力と水素製造能力の開発を進めている。

## 6-4 クリーンエネルギー開発で中東をリードするＵＡＥ

中東地域では、ＵＡＥはサウジアラビアを凌駕する勢いで、クリーンエネルギー開発を推進している。すでに２０５０年のＣＮを宣言しており、２０２３年11月に開催されるＣＯＰ28の議長国を務め、中東における気候変動対策のリーダーとして国際社会にアピールする良い機会となる。ＵＡＥは、２０５０年までに発電容量の50％をクリーンエネルギーとする目標を定めており、その内訳は再エネで44％、原子力で６％としている。

ＵＡＥのアル・ムヘイリ・気候変動・環境大臣は、２０２２年10月に同国内で開かれたエネルギー・サミットで、「クリーンエネルギー（再エネと原子力）の発電容量は、２０３０年までに１４００万キロワットに達する軌道に乗った」と発言するなど自信を深めている。すでに２０２１年末で約２３０万キロワットのPVが稼働しており、建設中・計画中を含めると約５３０万キロワットが新規に稼働を始める予定となっており、２０２５年頃には、PVの設備容量は８００万キロワットに近づくことになる。

また、UAEでは、２０１２年から韓国電力公社（KEPCO）が建設を進めていたアブダビのバラカ原子力発電所の稼働が本格化している。２０２０年8月に1号機（発電容量１４０万キロワット）が、２０２２年3月に2号機（同１４０万キロワット）が、さらに、同年10月に3号機（同１４０万キロワット）が営業運転を開始している。最終的には4号機まで建設が予定されているので、原子力発電が合計で５６０万キロワットの電力を供給することになる。これにより、UAEの電力需要量の約25％を供給できると見込まれており、PVと合わせてUAEの脱炭素化に向けた大きな原動力となる。

UAEのマズルーイ・エネルギー・インフラ大臣は、２０２２年1月に「世界の水素マーケットシェアの約25％をUAEが担うことを目指す」と発言し、国内で水素、水素を原料にしたアンモニアの生産、輸出に向けた取り組みを加速することを強調している。ブルー水素の製造に使う天然ガスを多く埋蔵するUAEは、製造コストを抑制できるため、国際的に価格競争力を持つとされている。また、グリーン水素も同様に、再エネの発電コストが安く価格競争力を発揮できるため、ＵＡＥは水素分野においても優位性を持っている。

現在、水素関連プロジェクトをリードしているのはアブダビ国営石油会社（ＡＤＮＯＣ）である。今までに発表されたＵＡＥの水素・アンモニア関連プロジェクトをみると、ＡＤＮＯＣが多くの外国企業との売買契約やサプライチェーン、関連技術の開発に向けた覚書（ＭＯＵ）を締結するなど中心的な役割を果たしている。相手国としては日本、ドイツ、韓国が目立つが、中でも日本政府や企業と協業する事例が多い。例えば、伊藤忠商事や出光興産、コスモ・エネルギーグループなどがＡＤＮＯＣからのブルーアンモニアの購入契約を結び、すでに輸送実証試験も行われるなど、日本へのサプライチェーンの形成で先行している。

日本以外では、ドイツが２０２２年３月に水素分野での協力に関する複数のＭＯＵを締結し、輸送実証実験には日本のＪＥＲＡも参画すると発表され、同年９月には、ＵＡＥからドイツに向け、初めてブルーアンモニアが輸出された。ドイツでは、ロシアのウクライナ侵略によりエネルギー安全保障の確保が喫緊の課題となっており、ＬＮＧについても新たにＵＡＥやカタールから調達量を増やすなど、中東との結びつきを強めている。加えて、水素・アンモニアの製造や調達の取り組みを強化し、中長期的には天然ガス依存からの早期脱却を図りたい狙いが背景にある。

表6-2　UAEの水素・アンモニア関連プロジェクト

| プロジェクト | 事業主体 | アンモニア | CCS | 備考 |
|---|---|---|---|---|
| Ruwais ブルーアンモニア | TA'ZIZ、Fertiglobe、GSエナジー（韓）三井物産 | 100万トン/日 | Al Reyadah の 既存 80万トン/年 | 2025年稼働予定 Al Reyadah拡張 2030年に500万トン/年 |

| プロジェクト | 事業主体 | 水素 | アンモニア | 電力 | 備考 |
|---|---|---|---|---|---|
| KIZAD グリーン水素アンモニア | TAQA、KIZAD, Thyssenkrupp | 4 トン/年 | 20万 トン/年 | 80MW 太陽光 | 投資額は10億ドル 2026年稼働予定 |
| | TAQA、Abu Dhabi Port（KIZAD） | ― | ― | 2GW 太陽光 | グリーンアンモニアを 製造し輸出（欧州・東アジ ア） |
| | KEPCO、サムスン物産、韓国西部発電、（UAEの）PetrolynChemie | ― | 20万 トン/年 | ― | 投資額は10億ドル 第1段階: 3.5万トン 第2段階:16.5万トン |

出所：各種資料を基に筆者作成

　また、韓国も同国財閥系のGSエナジーが2021年11月に三井物産、ADNOCとともにブルーアンモニア製造事業に参画を決め、また、2022年6月にはKEPCO、サムスン物産、韓国西部発電の3社がUAEのペトロリン・ケミーとグリーン水素・アンモニア事業の共同開発プロジェクトを進めると発表した（表6-2）。

　一方、民間の脱炭素プロジェクトとして、UAE鉄鋼製造大手のエミレーツ・スチール・アルカンは、伊藤忠商事、JFEスチールと提携し、アブダビで低炭素の「グリーン鉄鋼製品」を生産すると発表した。伊藤忠商事が高品質の鉄鉱原料を供給し、エミレーツ・スチール・アルカンが、同社が保有するＣＣＵＳ技術を用いて低炭素の鉄鋼製品を生産、ＪＦＥスチールを含むアジアの顧客に向け輸出する計画で、２０２５年下半期の生産開始を目指すとしている。このように、ＵＡＥは官民を挙げて脱炭素化を目指し、同時にエネルギー分野での国際的地位を保つための取り組みを着実に進めている。

## 6-5　グリーン水素ハブを目指すエジプトとオマーン

エジプトは、２０２２年11月に開催されたＣＯＰ27の議長国を務めたが、その期間中に「国家水素戦略」を発表し、アフリカ初のグリーン水素事業を始動させている。エジプトでは、２００９年にドイツが中心になり「デザーテック（Desertec）計画」が立ち上げられ、中東・北アフリカ（ＭＥＮＡ）で生産した再エネを欧州諸国に送電する計画が検討されていたが、その後の「アラブの春」に伴う政治的な混乱で停滞していた。しかし、脱炭素化の動きが加速するなか、ＭＥＮＡで生産したグリーン水素を欧州諸国に供給する計画へと軌道修正されることになった。

スエズ運河経済特区（ＳＣゾーン）では、２０２２年11月に「エジプト・グリーン事業」

と呼ばれるアフリカ初のグリーン水素プラントが試運転を始め、２０２４年には年間１・５万トンの水素から最大９万トンのアンモニアが生産される予定となっている。ＳＣゾーンでは、２０２５～２０２６年以降の稼働開始を目指してブルー水素、ブルー・グリーンアンモニアの事業計画が進みつつある。

一方、アラビア半島南東端に位置するオマーンでは、中部ドゥクムの経済特区に世界最大級のグリーン水素の製造拠点が整備されつつある。２０２２年２月には経済特区内の港も開港し、２０２６年までに欧州諸国やアジアへの輸出を計画している。特に同港は、ベルギーのアントワープ港と提携しており、グリーン水素の欧州向けの輸出拠点になることを目指している。

すでにオマーンは、「ビジョン２０４０」に基づいて、経済の多角化と再エネ投資の拡大に向けた取り組みを進めており、２０３０年には再エネが発電量の20％を賄い、２０４０年には35～39％に拡大するとしている。現在稼働している再エネは、太陽光発電が60万キロワット、風力発電が５万キロワットにとどまっているが、今後、２０２７年までに再エネを２６６万キロワットにまで拡大することを国際公約としている。オマーンでは、主に南東部の海岸線沿いを中心に太陽光、風力いずれのポテンシャルも高いことから、再エネ発電容量の大幅な積み増しが行われるとみられている。

また、オマーンは、ＣＯＰ27直前の２０２２年10月に、２０５０年のＣＮ宣言を行い、同時に「グリーン水素戦略」を発表した。そのなかで、2030年までに年間125万トンのグリーン水素の製造を目標に掲げ、現在計画されている事業に加えて、再エネのポテンシャルが高い港湾付近に特区を設定し、これまで以上に積極的な投資の誘致活動を行っている。

ドゥクム港を含むオマーンの主要港は、歴史的にインド洋とアフリカ大陸に面する交通の結節点として知られ、政治的・外交的に安定していること、また、港湾がホルムズ海峡外に存在することから、東アジア諸国から注目を集めてきた。2016年5月、中国は「一帯一路」事業の一環として、ドゥクムでの工業団地への投資を決定している。2021年半ば以降の原油価格の上昇で投資環境が改善してきたことから、オマーンは、欧州諸国とアジアへの「グリーン燃料輸出ハブ」として石油・天然ガス輸出に代わる新たな収入源の確保を目指している。

【脚注】

（1）NEOMという名称は、「新しい未来」を表現する2つの言葉に由来する。最初の3文字は、古代ギリシャ語で「新しい」を意味する接頭辞ネオ（Neo）。最後の1文字は、アラビア語で「未来」を意味する「モスタクバル（Mostaqbal）」の頭文字である。

# 第7章

# インド太平洋地域の
# クリーンエネルギー開発

２０２２年5月、米国のバイデン大統領の呼びかけで経済分野の協力を深める目的で、新しい経済圏構想であるインド太平洋経済枠組み（ＩＰＥＦ：Indo-Pacific Economic Framework）が発足した。最大の狙いは、この地域で政治的、経済的な台頭が著しい中国に対抗することにある。現時点での加盟国は、米国、日本、インド、ＡＳＥＡＮ主要7カ国、豪州、ニュージーランド、韓国およびフィジーの14カ国である。ＩＰＥＦでは、「貿易」、「サプライチェーン（供給網）」、「エネルギー安全保障を含むクリーン経済」、「脱汚職など公正な経済」の４つの分野で協議が行われる。この章では、日米を除く主要国におけるクリーンエネルギー開発の現状と課題について考えてみたい。

## 7-1　急務となるインドのクリーンエネルギー開発

国連の人口予測では、２０２３年中に中国を追い抜いてインドが人口世界一になるとされているが、すでに２０２２年末時点で14億１７００万人となったインドが、14億１２００万人（中国政府発表：２０２２年12月末時点）の中国を抜いたと報道され、世界の関心を呼んでいる。ウクライナ戦争を契機に西側諸国と中ロの対立が一段と先鋭化するなか、インドは、両陣営とは一定の距離を置く「グローバルサウス」のリーダー役として存在感を高めている。

インドのモディ首相は、２０２１年のＣＯＰ26において、２０７０年までにＣＮを目指すと表明し、翌年８月には２０３０年までにＧＤＰ当たり$CO_2$排出原単位を２００５年比で45％削減、また、２０３０年までに発電容量の約50％を非化石電源（再エネ、水力、原子力）にすることを国別排出削減目標（ＮＤＣ：Nationally Determined Contribution）として国連事務局に通知した。インドは、中国、米国に次いで世界第3位の再エネ大国ではあるが、発電量の70％以上を石炭に依存しているため、ＰＶや風力発電、原子力発電などクリーンエネルギーの開発と導入が急務になっている（図7-1）。

図７-１　インドの発電量割合（2021年）

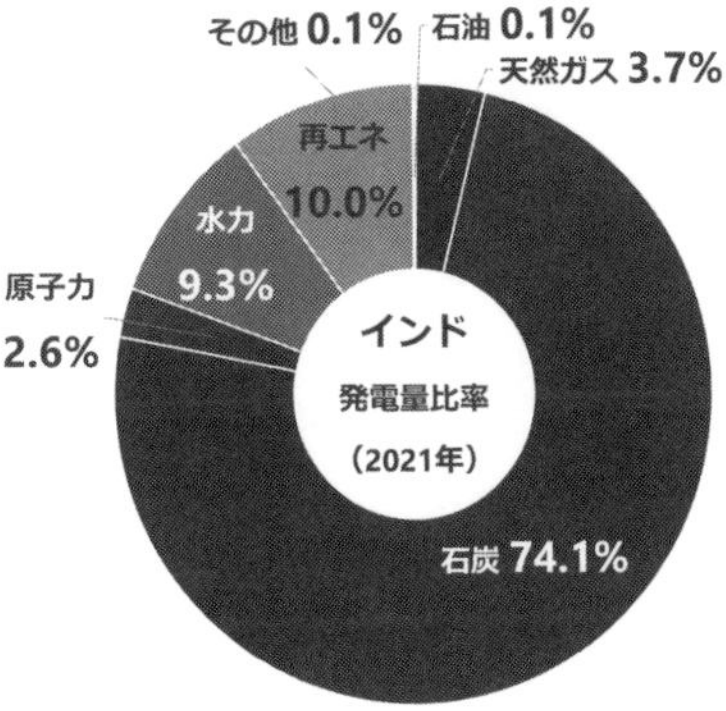


出所：「BP統計2022」を基に筆者作成

モディ首相は、第75回独立記念日の２０２２年８月15日、「ビジョン２０４７（インドは２０４７年に独立１００周年を迎える）」のテーマのひとつとして、２０４７年までに「エネルギー自立型」国家に転換するという新たな目標を発表した。その狙いとして、①エネルギーの自立と安全保障、②エネルギー分野における脱炭素化の推進、③再エネ製造技術の自立化、④グリーン水素製造・輸出のグローバルハブ化を目指すとしている。そして、2047年の数値目標として、11億2500万キロワットの再エネ導入量、5000万キロワットの再エネの装置製造能力、25億トンの$CO_2$排出量の削減、発電量に占める再エネ比率67％を掲げた。

インド電力省（MOP）によると、2023年3月現在、水力発電を含む再エネの発電容量は1億7201万キロワットで、そのうち風力発電が4263万キロワット、PVが6678万キロワット、大規模水力が4685万キロワット、小水力発電が494万キロワット、バイオマス発電が1025万キロワットに達していると発表している（図7-2）。

図7-2　インドの発電容量割合（2023年3月）

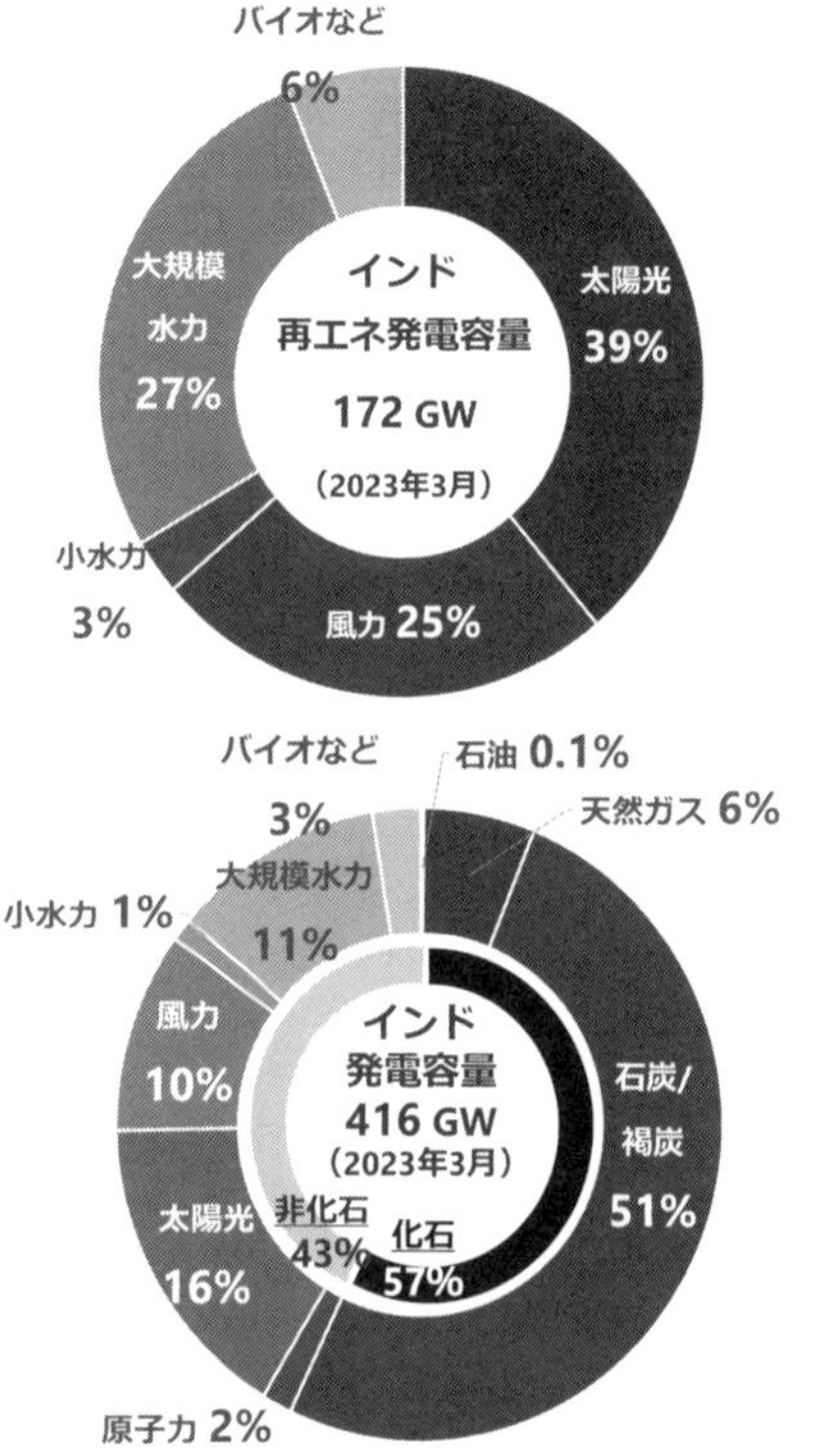


出所：“Power Sector at a Glance ALL INDIA” MOP、Apr. 2023 を基に筆者作成

2030年までにPVを中心に約5億キロワットの再エネ電源の導入を目指すとともに、「水素国家ミッション」として500万トンのグリーン水素製造を目標に掲げている。この中には、3000万キロワットの洋上風力も含まれ、3カ所の候補地もほぼ特定されているとしている。また、2030年までに、新車販売の30%をEVとする目標も発表している。

これまでインドのPV産業は、中国からの安価な輸入品の利用を前提としてきたため、PVパネルの国内生産能力は、国内の年間総需要の約35%、太陽電池のシリコンセル製造能力は約28%にとどまり、多くは中国からの輸入品の組み立てとなってきた。しかし、2020年以降、国境問題に端を発する中国との関係悪化を契機にモディ政権は、中国依存からの脱却へと転換し、PVパネルから関連機器まで含めたPV産業の国産化に向けた政策を進めている。2020年8月から、太陽電池のセル、パネル、インバーターへの関税を導入し、同年末には、入札段階から国内製品を使うことを前提に、一定額の割増料金を適用した案件の入札も始めている。

インドは、早くから原子力発電の重要性を認識し、1969年には米国GE製の沸騰水型軽水炉（BWR）2基を稼働させ、1973年にはカナダ製重水炉（CANDU炉）を運転開始させた。しかし、翌年5月にインドが核実験を行って以降、欧米からの技術協力・支援が打ち切られ、その後は独自の原発技術開発に乗り出し、1981年に国産のカナダ型重水炉（20万キロワット）を運転開始させた。そして、２０２３年１月現在、稼働中の原発が22基で合計容量６８０万キロワット、建設中が11基８８０万キロワット、計画中が12基１０３０万キロワットである（日本原子力産業協会調べ）。もし計画どおりに建設が進めば、２０３１年までに発電容量を２０００万キロワット以上という目標の達成が視野に入ってくる。その中で注目されるのは、稼働中２基と建設中４基がロシア製加圧水型軽水炉（ＶＶＥＲ－１０００）で、約６００万キロワットにも上ることである。インドは、武器のみならず原子力発電でもロシアに大きく依存しているといえる。

## 7-2　経済発展が続くASEANの脱炭素政策

東南アジアは、飢餓、貧富の格差、自然災害、都市部の大気汚染、森林破壊などの問題を抱え、世界で最も気候変動の影響を受けやすい地域のひとつであり、気候変動問題はＡＳＥＡＮ各国にとって重要な課題と捉えられている。そのため脱炭素化に向けて、ＡＳＥＡＮ加盟10カ国すべてが２０３０年までの国別排出削減目標（ＮＤＣ）を国連に提出している。ただし、インドネシア、タイ、フィリピン、ベトナムの４カ国は、先進国から資金・技術・人材育成面での支援が得られることを条件にしている。また、ＣＮについては、フィリピンとブルネイを除く8カ国のうちインドネシアは２０６０年、その他7カ国は２０５０年までの達成を宣言している。

現在、ＡＳＥＡＮは、「エネルギー協力のためのＡＳＥＡＮ行動計画（２０２１～２０２５年）」に基づいて、２０２５年までに域内の1次エネルギー供給に占める再エネの割合を23％、発電容量に占める割合を35％とする目標を設定している。ちなみに２０２０年時点で、1次エネルギー供給に占める再エネの割合は14・３％、発電容量に占める同割合は33・５％となっている。２０２５年の目標の実現には、ＡＳＥＡＮ全体で約３５００万～４０００万キロワットの再エネ発電容量を追加する必要があり、各国は再エネの導入目標を設定して取り組みを加速させている。

シンガポールは、地理的な制約から再エネについてはＰＶのみ住宅部への導入を推進しており、また、浮体式ＰＶのさらなる拡大に取り組んでいる。一方、マレーシア、タイ、ベトナムは、ＰＶ以外にも、風力発電、地熱発電を含めた再エネ導入に積極的であり、ＦＩＴ制度のほか、大規模入札制度やネットメータリング制度(1)、税制優遇などを設けている。それに比べると、インドネシアはＦＩＴ制度の価格面から、フィリピンはＦＩＴ制度の枠の制限面から再エネ導入の支援策が弱いといわれている。

図７-３　ASEAN主要国の発電量割合（2021年）

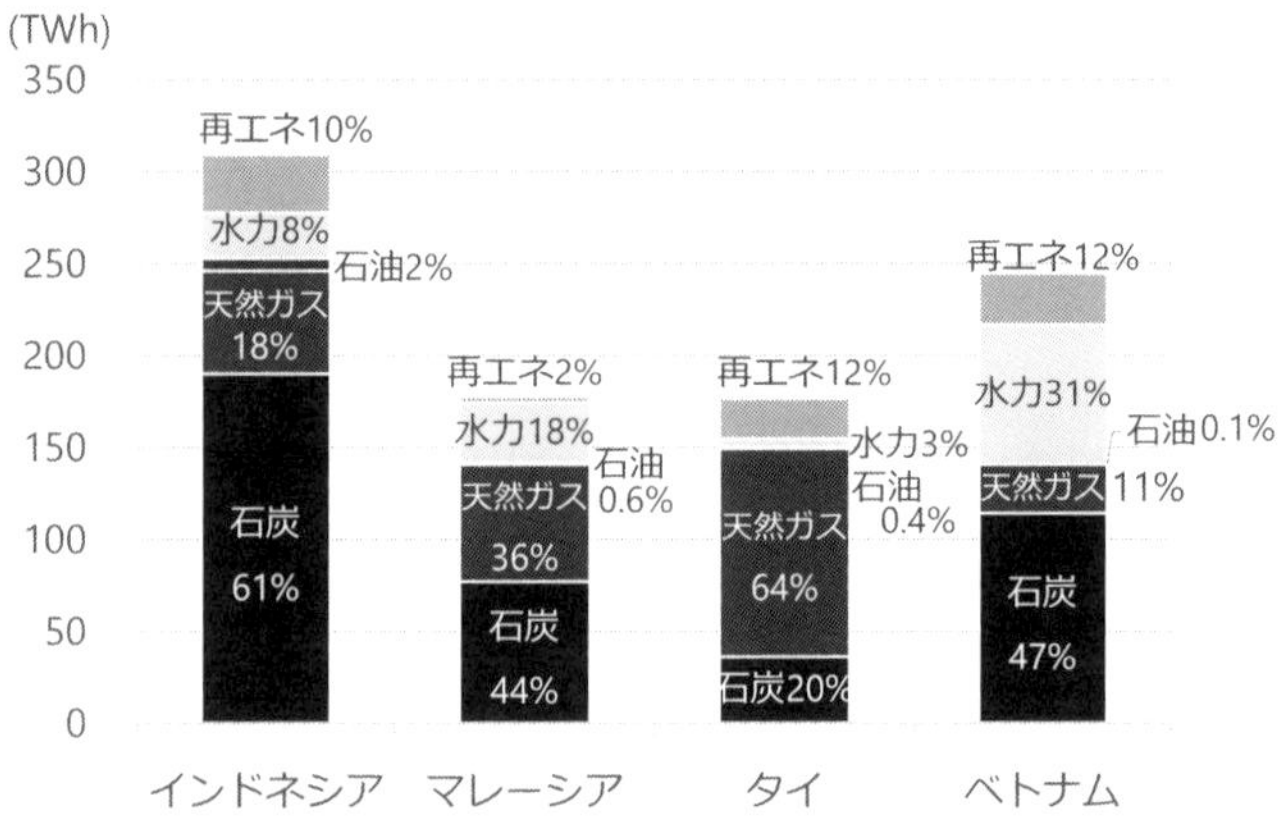


出所：「BP統計2022」を基に筆者作成

ＡＳＥＡＮ主要国では、急速な経済成長と都市化の進展に伴って、発電能力の大幅な増強と同時に手頃な価格で信頼性の高い電力の供給が求められており、石炭火力が重要な役割を果たしている。発電量に占める石炭火力の割合は、２０２１年時点でインドネシアが74％、ベトナムが47％、マレーシアが44％などとなっている（図７-３）。そのため、ＡＳＥＡＮの脱炭素化を実現するには、再エネ拡大に加えて、脱石炭火力、水素・アンモニア、ＣＣＵＳなど多様な技術の開発と導入が不可欠となっている。

すでにＡＳＥＡＮ各国は、独自にさまざまな国際的な取り組みに参加している。シンガポールは、既設石炭火力の早期の段階的廃止とＣＣＳが導入されない新規石炭火力の建設停止を求める「脱石炭連盟（ＰＰＣＡ）」[2]に加盟している。また、インドネシアとベトナム、フィリピンは、排出削減措置のない石炭火力を先進国は2030年代まで、それ以外は2040年代までにクリーンエネルギーへの移行を目指す「石炭からクリーン電力への移行声明」に署名している。さらにCOP26でアジア開発銀行（ADB）は、今後10～15年で石炭火力の全設備容量の約半分を廃止、再エネ投資の拡大を促進する「エネルギー移行メカニズム（ETM：Energy Transition Mechanism）」を提案している。各国政府や金融機関、慈善団体などから集めた25億～35億ドル規模の資金を基金に、石炭火力を買い取るなど早期に発電をやめる道筋をつける取り組みで、まずはインドネシア、フィリピン、ベトナムの3カ国から開始することになっている。

一方、2023年3月には日本が主導する「アジア・ゼロエミッション共同体（AZEC）」閣僚会議が東京で開催され、①「脱炭素」と「エネルギー安全保障」との両立を図ること、②「経済成長」を実現しながら「脱炭素」を進めること、③カーボンニュートラルに向けた道筋は、各国の実情に応じた「多様かつ現実的」なものであるべきこと、という3つの共通認識を含む共同声明で合意された。主要な柱としては、ゼロエミッション技術の開発、水素インフラでの国際共同投資と共同資金調達、技術などの標準化、カーボンクレジット市場が掲げられている（第9章を参照）。

特に発電時に$CO_2$排出ゼロである水素・アンモニア発電の推進が謳われている。その理由として、既存の火力発電設備の多くがそのまま、あるいは改修して継続利用が可能であり、また、アンモニアは既存の製造・輸送・貯蔵技術を活用したインフラ整備を行えば、水素と比べて輸送や貯蔵コストの抑制が可能になること。加えて、調整力、慣性力の機能を備えており、系統運用の安定化に資すること、経済成長が続き、化石燃料への依存度が高いアジア地域において親和性が高いことを挙げている。日本に地理的に近接するアジア地域内で、水素・アンモニアなどのサプライチェーンの形成を共同で目指すことになる。今後は、再エネやCCSの本格的な実装化に向けて、日本政府および企業の真価が問われることになる。

## 7-3 豪州は再エネと重要鉱物資源の豊富な国

豪州は、世界有数の石炭産出国であり、これまで環境政策で後れを取っていたが、2022年5月の政権交代で誕生した労働党のアルバニージー政権は、一転して世界で最も高い再エネ導入目標を掲げた。新政権は、2021年に前政権がコミットした2050年までの温室効果ガス排出ネットゼロの方針は堅持する一方、より積極的な目標として2030年までに温室効果ガス排出量を2005年比で43%削減するとしている。

そのためには、総電力使用量に占める再エネ比率を現在の30%程度から2030年までに82

%に高める必要があるとしている。これは、ドイツが掲げている再エネ比率を2030年までに80%を超える世界最高値で、また、石炭火力発電は2040年までにほぼ廃止するとしている。ちなみに、2020〜2021年（会計年度は7月から翌年6月末）で連邦全体での発電量をみると、石炭53%、天然ガス19%、石油2%、風力9%、太陽光11%、水力6%、バイオマス1%で、再エネ（水力を含む）は27%となっているが、近年急増しているのはPVと風力発電である（表7‐1、図7‐4）。

野心的な2030年の再エネ目標を達成するには、PVと風力発電を中心に約5000万キロワットの再エネ発電を新たに導入する必要があると試算されている。豪州は、石炭やLNGなどの主要産地であるが、再エネ資源も非常に豊富で供給コストも安い。例えば、再エネの導入ポテンシャルは、PVで総発電量（2021年）の約160〜270倍、また、風力発電の年平均設備利用率は東・南部4州の陸上風力で35%前後、洋上風力で44%、タスマニア州では47%と非常に安定した風況が期待できる（豪州気候協会）。ちなみに日本では、風況の良い北海道、東北の日本海側に立地した場合で約35%とされている。

世界でも6番目に広い領土の豪州は、再エネのポテンシャルを最大限に活用するには内陸部や沿海部などの再エネゾーンと消費地の都市部の間、また、各州間の連携系統など電力網の近代化と強靱化が必要になっている。すでに連邦政府は、2022年10月に発表した予算案で、

**表7－1　豪州の発電量**

| 発電量（2020-2021年） | TWh | 比率 |
|---|---|---|
| 化石燃料 計 | 194.8 | 73.3% |
| 　石炭・褐炭 | 140.3 | 52.8% |
| 　天然ガス | 49.8 | 18.8% |
| 　石油 | 4.7 | 1.8% |
| 再エネ 計 | 70.8 | 26.7% |
| 　太陽光 | 27.7 | 10.4% |
| 　風力 | 24.5 | 9.2% |
| 　水力 | 15.2 | 5.7% |
| 　その他 | 3.3 | 1.2% |
| 合計 | 265.6 | 100% |

出所："Australian Energy Statistics 2022 Energy Update Report" を基に筆者作成

**図7－4　豪州の再エネ発電量の推移**

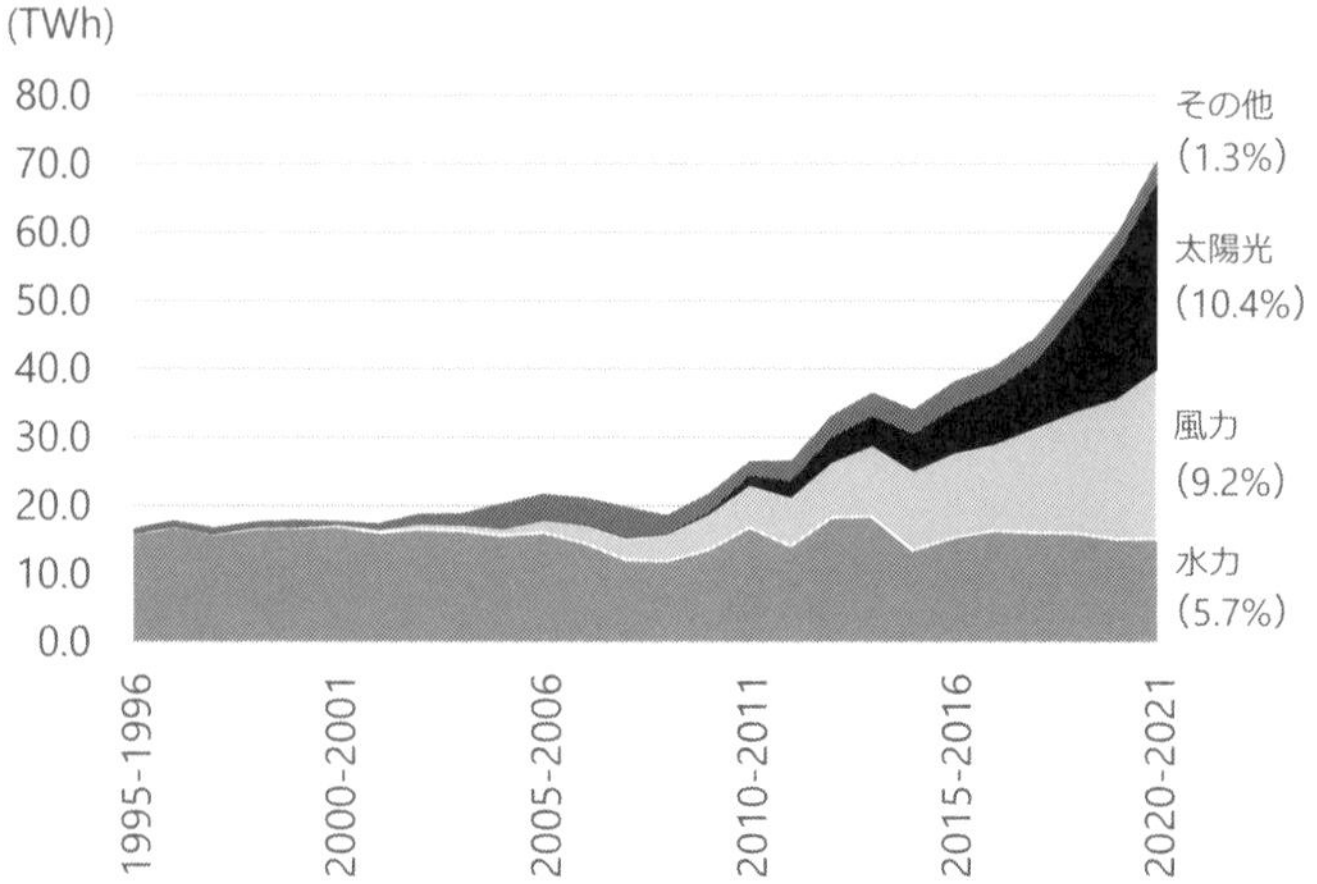


出所："Australian Energy Statistics 2022 Energy Update Report" を基に筆者作成

国家送電網の再整備計画として、今後、複数年度にわたり200億豪州ドル（1兆8000億円、1豪州ドル＝90円の場合）の資金を通じて、再エネの活用、送電網の安全性の改善、国内送電網の更新や拡大を早急に実施するとしている。

また、電気料金の削減を目的に、全国400カ所（約10万世帯を対象）で実施するPVによるコミュニティバッテリー[3]の設置支援プログラムや、2万5000世帯に低価格のPV電力を供給するコミュニティ・ソーラーバング[4]事業に、2023年度から4年間で合計3億2650万豪ドルが拠出される。さらに、交通部門の温室効果ガス排出削減のため、水素燃料ステーションや急速充電ステーションの設置に対して資金援助が行われる。

水素については、2018年12月に発表された連邦政府の国家水素戦略を受けて、各州が独自の水素戦略に取り組んでいる。すでにニューサウスウエルズ州政府は、2030年までにグリーン水素の生産規模を年間11万トンとする開発目標を掲げ、水素ハブ・水素ステーション網の構築、減税対策などによって国内外からの投資拡大を進めている。また、ビクトリア州では、褐炭から製造した液化水素を日豪間で輸送する事業の一環として、2022年1月には、世界初の液化水素運搬船「すいそふろんてぃあ」が日本から到着し、翌月日本に帰港する実証実験が成功裏に終わった。さらに再エネが潤沢なクイーンズランド州では、住友商事は英豪資本大手リオティントと協力してグリーン水素製造プロジェクトを進めており、2030年頃に年間

20万トンの生産を目指している。

一方、豪州は、再エネや蓄電池など低炭素技術に不可欠な重要鉱物資源が豊富な国でもある。例えば、蓄電池の製造に欠かせないリチウムの生産量では世界第1位、埋蔵量ではチリと中国に次ぐ第3位である。しかし、リチウム輝石の精製の場所はほとんどが中国に集中しているため、現在は、国内で水酸化リチウムなどを精製して輸出しようとする動きが活発化している。

また、コバルトの生産量および埋蔵量はコンゴ民主共和国（コンゴ共和国と区別）が世界第1位だが、豪州は生産量で世界第3位、埋蔵量で世界第2位である。豪州政府は、2019年に初めて重要鉱物の国家戦略を発表し、さまざまな開発支援策に乗り出すとともに、海外からの投資誘致に積極的に動いている。豪州は、熟練した労働力、世界でも先進的なESG慣行、透明性の高い規制環境を備えており、重要鉱物の探査、抽出、生産、加工をリードできる強みを売りにしている。

## 7-4 グリーン水素・アンモニア大国を目指す南米のチリ

環太平洋パートナーシップ（TPP）加盟国のチリは、すでに2050年のCN目標を宣言しているが、2020年4月には国別削減目標（NDC）の改訂版を国連事務局に提出し、2025年までに温室効果ガス排出量をピークアウトさせるなど、対策を強化すると発表した。また、石炭燃焼や森林火災、ディーゼルエンジンの燃焼などで発生するブラックカーボンについて、2030年までに少なくとも25％を削減するとした。

南北に細長い国土のチリには、北部のアンデス山脈と太平洋の間に広がる海岸砂漠には膨大なPVポテンシャルが、また、最南端のマゼラン海峡周辺を含むマガジャネス州には豊富な風力発電ポテンシャルを持つ広大な地域がある。このような背景から、チリ政府は、2020年11月に「グリーン水素国家戦略」を策定し、2040年までにグリーン水素産業を発展させるため、次の3つの主要な目標を掲げた。

1. 2025年までに、水素の電解容量を500万キロワットに増加させる。
2. 2030年までに、世界一安価なグリーン水素を生産する体制を構築する。
3. 2040年までに、世界トップ3の水素輸出国家になる。

この「グリーン水素国家戦略」を受けて、最初に接近したのはドイツ企業で、最南のマガジャネス州に建設される国内初のグリーン水素プラントプロジェクトの実施主体として、ポルシェやシーメンスが参画している。そのほか、２０３０年までに操業開始を目指しているグリーン水素・アンモニアプロジェクトは20件を超え、多くの欧州エネルギー企業などが参加している。ＪＯＧＭＥＣのレポート（兵土大輔、２０２３年2月８日）によると、これらの全プロジェクトが稼働すると、風力発電が６２０万キロワット、ＰＶが５８０万キロワットで、生産されるアンモニアは年間４９０万トン、水素は同80万トンとなり、総投資額は約２００億ドルに上るとしている。

チリが有望なグリーン水素・アンモニアの生産国として世界的に注目されているのは、太陽光、風力、水力で低コストの電力を生産できること、また、政府の支援制度やインフラ環境が整備されているなど、他国にない有利な点が多いからである。ＩＥＡによると、チリは将来的にグリーン水素を生産コスト2ドル／キログラム以下で年間1億６０００万トン生産することが可能であり、これは、現在の世界の水素生産量の2倍に相当するとしている。

マッケンジー社によると、チリにおけるグリーン水素の均等化生産コストは、２０３０年までに1・３〜1・４ドル／キログラムに低下し、豪州の1・7ドル／キログラムや中東の1・８ドル／キログラムを下回り、世界で最も安価なグリーン水素・アンモニアの生産および輸出国になると期待されている。すでにチリ政府は、水素サプライチェーンの構築に向けてドイツやオランダ、英国やフランス、シンガポールや韓国など各国の関係機関と了解覚書（ＭＯＵ）を締結し、2025年以降に主に欧州諸国への輸出を目指して具体的な行動を起こしている。

また、チリは、第2章でも触れたように、蓄電池とEVに欠かせない重要鉱物であるリチウム資源の豊富な国で、リチウム埋蔵量は世界第1位、同生産量は豪州に次ぐ世界第2位である。チリでは、2021年12月の大統領選で左派のボリッチ候補が勝利し、翌年3月に新政権が発足した。2023年4月にボリッチ大統領は、選挙公約のひとつに掲げていた「国営リチウム企業」の設立を表明し、必要な法案を議会に提出するとした。ボリッチ氏は、大統領選で格差是正や環境保護を重点政策に掲げ、鉱山会社への増税と社会保障の強化を訴えてきた経緯もあり、重要鉱物資源の保有国で保護主義が広がるとの懸念が出ている。JOGMECによると、チリは日本の炭酸リチウムの輸入量の約75%を占めており、チリでの国有化の動きは日本の調達戦略に影響を与える可能性がある。

今後、日本にとって、重要鉱物や水素・アンモニアのグローバルな供給網を構築する場合、チリは有望な供給国のひとつとなる。チリは今後、需要の急増が見込まれている銅やリチウムの大資源国で、グリーン水素・アンモニアを安価に生産できる可能性を秘めている。さらに、インド太平洋地域という地理的条件からも、供給源の多様化を通じて、日本の脱炭素化とエネルギー安全保障にとって重要な役割を果たすと期待されている。

## 7-5 韓国の尹政権は脱・脱原発政策へ転換

韓国の文在寅（ムン・ジェイン）前政権は、２０２０年10月に「２０５０年までにＣＮ」を宣言し、２０２１年10月には温室効果ガス排出量を２０３０年までに２０１８年比で40％削減する国別削減目標（ＮＤＣ）を決め、国連事務局に報告した。特に発電分野では、脱原発政策を進める一方で、石炭火力の比率を２０１９年実績の40％から２０３０年に30％に縮小し、再エネを6・5％から21％に拡大する方針を示していた。

しかし、２０２２年5月に発足した尹錫悦（ユン・ソンニョル）政権は、原子力発電所を増やし、原子力と再エネの調和によるＣＮを推進する方向へと政策を転換した。同年7月には、「新政権のエネルギー政策方向」が閣議決定され、気候変動への対応とエネルギー安全保障の強化、原発の比重拡大と化石燃料の輸入依存度の縮小、エネルギー新産業の創出と革新的なベンチャー企業の拡大が目標として設定された。その中で、２０３０年までに原発を18基に減らすという文前政権の脱原発政策を廃棄し、施工設計を見合わせていた新ハヌル原発3・4号機の建設再開や稼働期間の延長などによって、２０３０年までに28基に増やすことを明記した。

そして、２０２３年1月に策定された「電力需給基本計画」では、電源別の発電量に占める原発比率を2021年の27・4%から2030年に32・4%まで引き上げられた。また、原子力産業については輸出を支援し、2030年までに10基の原発を東欧や中東に輸出するとともに、独自の小型モジュール炉（SMR）の開発を推進するとしている。

一方、文前政権が力を入れてきた再エネ開発では、PVが急拡大を続けている。BP統計によると、PVの設備容量は、2015年の360万キロワットから2021年には1820万キロワットへと5倍に急増しており、PVパネル・コストの大幅な低下が大きく貢献している。2030年までに約3000万キロワットの目標を目指して、今後も拡大が続くとみられている。

それに対して風力発電は、2021年時点で170万キロワットにとどまっているが、洋上風力に活路を見いだそうとしている。同年2月に文前政権は、全羅南道の南西部にある新安（シナン）群の沖合に、世界最大の洋上風力発電を2030年までに建設すると発表し、環境影響調査が実施されている。発電容量は全体で830万キロワットとなり、1カ所での洋上風力としては、世界最大の規模となる。

2023年1月のダボス会議で、世界大手の風力発電機メーカーであるデンマークのベスタスは、韓国に生産拠点を設け、アジア・太平洋地域の本部をシンガポールから韓国に移転することを発表し、同時に韓国政府に3億ドルの投資を届け出た。前述の「電力需給基本計画」では、再エネ比率を2021年の7・5％から2030年に21・6％へと大幅に増やすとしており、それには、再エネ発電の容量を6000万キロワットに引き上げる必要があり、洋上風力発電は、そのうち1200万キロワットをカバーする予定となっている。

また、韓国の産業通商資源部は、2022年11月に水素経済政策を発表し、クリーン水素サプライチェーンの構築に向けて、成長戦略の方針と目標を公表した。具体的な数値目標として、2030年までに燃料電池車（FCV）を3万台生産、液体水素の供給ステーションを70カ所建設、2036年までに国内のエネルギー需要の7・1％を再エネ水素に置換するとしている。また、水素・アンモニア混合発電所や年間生産量4万トン規模の液化水素製造プラントの建設、さらに、2030年までに年間400万トンのアンモニア受け入れ基地、年間10万トンの液化水素受け入れ基地を設置し、2023年上半期に水素エネルギー入札市場の構築、2024年からクリーン水素の認証制度を実施するとしている。

【脚注】

（1）「ネットメータリング」とは、分散型発電設備の所有者に対する電力料金の算定手法である。住宅用などの分散型ＰＶシステムの発電量から、電力消費量を差し引いて余剰電力量が発生した場合、余剰分を次の月に繰り越せる、つまり、消費量を発電量で「相殺」する仕組みである。

（2）脱石炭連盟（ＰＰＣＡ：Powering Past Coal Alliance）は、２０１７年11月にドイツのボンで開催されたＣＯＰ23で、英国政府とカナダ政府のイニシアティブにより発足した国際的枠組みで、パリ協定の目標達成に向けて石炭火力からの脱却の加速化を目的とする。２０２１年７月現在、41カ国、39地方政府・自治体、55企業・団体となっている。

（3）コミュニティバッテリーとは、地域内で太陽光により発電した電力を地域単位で共有できる蓄電池を設置することで、電力コストを抑えるもの。

（4）コミュニティソーラーバンクとは、地域で実施する中規模ＰＶプロジェクトの株式を住民が購入し、株式の持ち分に応じて、プロジェクトで発電したエネルギーを利用する権利を受け取るもの。各世帯が自宅にＰＶパネルを設置せずに、太陽光エネルギーを利用できる。

# 第8章

# 脱炭素電源の
# 原子力を巡る地政学

ロシアのウクライナ侵略に伴うエネルギー危機を契機に、世界各国で気候変動対策とエネルギー安全保障を両立させるには、原子力発電の活用が欠かせないとの認識が広がりをみせている。特にロシアと中国は、「グローバルサウス」と呼ばれる新興・途上国への原子炉輸出で世界を席巻する一方、米欧日では小型モジュール炉（ＳＭＲ）など先進型原子炉の開発が本格化している。この章では、脱炭素電源の原子力について、各国における開発の現状と、その地政学的な影響について考えたい。

## 8-1　なぜ原子力を巡る地政学が重要なのか

２０１１年の福島第一原発事故を契機に、西側諸国では原子力開発が停滞するなか、中国を筆頭にアジア、中東、アフリカなどでは急増する電力需要に対応するためとして原子力発電所の新規建設や導入計画を発表する国が大幅に増えてきた。このような原子力を巡る潮流は、気候変動対策のさらなる強化とロシアの侵略によるエネルギー危機の影響も加わり、西側諸国を含めて世界的な広がりをみせている。

その一方で、原子力の技術、とりわけ核燃料サイクル技術（ウラン濃縮および使用済み燃料の再処理）は、核兵器の製造に応用が可能な技術であるため、核兵器の拡散にもつながる恐れがあると指摘されている（外務省調査報告書「日本の資源外交とエネルギー協力」、２０１５年）。そして、各国の置かれている地域的な戦略環境によっては、原子力発電の導入は平和利用目的と謳われていたとしても、外交や安全保障の面で影響を与えることになるとしている。その意味で、原子力の国際取引は、単なる商業上の取引を超えた戦略的、あるいは地政学的な意味を持つことになる。そのため、原子力技術や資機材の国際的な移転に際しては、供給側は核不拡散上、安全保障上の配慮が求められることになる。裏を返せば、供給国は、原子力協力や技術移転を戦略的なレバレッジとして利用することも可能となる。

特にウクライナ戦争や台湾有事を巡って西側諸国とロシア・中国との対立が先鋭化するなか、世界の原子力市場に目を転じると、ロシアと中国が一段と存在感を増している。例えば、世界の原発用のウラン濃縮能力を国別にみると、２０２０年時点でロシアが約46％、欧州が約43％、中国が11％を占めており、米国とＥＵは、それぞれウラン濃縮役務の28％と26％をロシアに依存している。また、中国は、再エネやＥＶなど低炭素技術で世界の覇権を目指しているが、原子力分野でも２０３０年代初めには米国を抜いて世界最大の原子力大国になるとみられている。今後の国際的な原子力利用の展開は、日本にとってもエネルギー安全保障のみならず、国際政治や安全保障面でもさまざまな課題を提起すると考えられる。

## 8-2 原子力は脱炭素化とエネルギー安全保障の両立に不可欠

世界各国では、脱炭素化とエネルギー安全保障の両立が求められており、原子力を再評価する動きが広がっている。IEAは、2022年6月に特別報告書「原子力発電と確実なエネルギー移行―今日の課題から明日のクリーンエネルギーシステムへ」を発表し、その中の2050年実質ゼロ排出量シナリオでは、2020～2050年の間に原子力発電が倍増し、原子力を活用しようとするすべての国で新規建設が必要になるとしている。さらに、各国が再エネを主体とするエネルギーシステムへの確実な移行を進めるためには、原子力発電は大きな役割を果たし得るとしたうえで、その持続可能かつクリーンなエネルギーシステムの構築には、原子力なしではより困難で、よりリスクが高く、より高価になると指摘している。

今回の報告書について、IEAのF・ビロル事務局長は、「エネルギーを取り巻く近年の世界情勢や地球温暖化防止への意欲的な取り組みなどから、原子力が復活するまたとないチャンスが訪れた」としながらも、「復活するかどうかは、今後の政府と産業界の対応にかかっている」とも述べている。具体的な課題として、①各国政府は、原子力の安全運転と同時に新型炉投資への支援を行う必要があること、②産業界は、新しく建設する原子炉の工期をきちんと守り、安全性の確保を大前提に建設コストの削減に努めること、③最も低コストの脱炭素電源を確保する手段は、既設の原子力発電所の運転期間を延長することを挙げている。

このようなIEAの提言もあり、各国政府は、原子力支援に向けて具体的な行動を起こしている。米国のバイデン政権は、原子力を再エネとともに気候変動対策の目標達成に不可欠な重要電源と位置づけ、2022年8月に成立した「インフレ抑制法」に基づき既設の原子力発電所を継続して活用することに加えて、新しい先進型原子炉の開発に対する積極的な投資支援に動き始めている（第5章を参照）。また、韓国では、同年5月に発足した尹錫悦政権は、文在寅前政権の脱原発政策を廃棄し、原発の利用拡大へと大幅な軌道修正を行っている（第6章を参照）。さらに日本では、岸田文雄政権が同年12月に新たな原子力政策と行動指針を発表した。具体的には、安全性が最優先との基本原則のもと、運転期間の延長など既設原発の最大限活用や次世代革新炉の開発・建設、再処理・廃炉・最終処分のプロセス加速化に向けて必要な法改正を進めている（第9章を参照）。

## 8-3 ウクライナ戦争で強まる欧州の原子力利用拡大の動き

欧州諸国は、長年にわたり石油、天然ガス、石炭などの供給をロシアに大きく依存してきたこともあり、今回のウクライナ戦争に伴うエネルギー危機では、最も深刻な打撃を受けている。その結果、脱炭素化とエネルギー安全保障を両立させるため、英国やＥＵ各国は、原子力の利用拡大に向けてすばやい対応をみせている。

まず英国は、２０２２年4月に、エネルギー自給率の向上に主眼を置いた「エネルギー安全保障戦略」を発表した。その中で、原子力を「クリーンなベースロード電源」として引き続き推進し、２０３０年までに最大8基の原子炉を新設、２０５０年までに現在の3倍となる２４００万キロワットに拡大し、総発電量の25％を供給するとしている。また、小型モジュール炉（ＳＭＲ）の建設と先進的モジュール炉（ＡＭＲ）の研究開発を推進するため、未来原子力実現基金（1・2億ユーロ）を設立し、補助金により新規事業を支援するとしている。

フランスは、２０２２年2月に「新エネルギー政策」を発表し、安全性の保証を前提にすべての既設炉の運転を50年以上に延長すること、また、２０２８年の着工で２０３５年の運転開始を目指して6基のＥＰＲ２（欧州加圧水型原子炉の改良版）を新設、さらに8基の新設を検討することで、2050年までに最大2500万キロワットを導入するとしている。また、軽水炉型と革新炉型のSMRの開発に、各5億ユーロを投資するとしている。しかし、フランス電力公社（EDF）は、2022年に入ると応力腐食割れ問題が原因で原子炉12基の稼働停止、また、英国ヒンクリーポイントC計画の工期遅延などが重なり、大幅な赤字を計上した。そのため、フランス政府は同年7月には、エネルギーの将来とって不可欠な原子力計画を早急に実施できる能力を強化するため、EDFの再国有化を発表した。

フィンランドは、長年の間、ロシアからの天然ガスや電力の輸入に依存してきたが、2022年5月15日に従来の中立政策を破棄して北大西洋条約機構（NATO）への加盟申請を正式決定すると、ロシアは報復措置として即座にフィンランドへの天然ガスと電力の供給を停止した。幸いにしてフィンランドでは、2005年に建設を始めていたオルキルオト3号機が2022年3月にようやく送電を開始したこともあり、大きな混乱は起きていない。同年12月に実施された世論調査では、回答者の約7割が国内発電量を増加させる最良の施策として、原発の追加建設を挙げている。また、フィンランドは、2020年代半ばまでに使用済み燃料の最終処分場の建設が完成する予定であり、隣国のスウェーデン政府も2022年1月、最終処分場の建設許可を発給しており、両国はバックエンド分野で世界の先導役となっている。

そのスウェーデンでは、1979年の米国スリーマイル島原発事故を契機に、翌年に実施された国民投票の結果を受けて、当時の政府は、運転中・建設中の原子炉を除いて新たな原子炉の建設は行わないこと、また、2010年までにすべての原子炉を閉鎖することを決定した。しかし、2006年に政権に就いた中道右派連立政権は、新たな原子炉の建設と既存の原子炉の閉鎖のいずれも、2010年まで凍結する方針を示していたが、同年には脱原発政策を見直し、現在運転中の原子炉の建替えに限って、新規建設を認める法案を議会で成立させた。そして、ウクライナ戦争を契機に、2023年1月に政府は、既存の原発が立地する場所以外での原子炉の建設禁止や運転中の原子炉数を10基までに制限する規定を削除することを提案した。スウェーデンでは現在、3カ所で6基の原子炉が稼働しており、本提案に対する意見公募を行い、2024年3月に法案が施行される予定となっている。クリステンション首相は会見で、「産業および運輸の電化や脱化石燃料への移行が進むなか、国全体でさらなるクリーンな電力が必要となるため、より多くの場所で、より多くの原発建設を可能にしたい」との意向を示した。

また、ベルギー政府は、2023年1月に、国内で最も新しい原子炉2基（約200万キロワット）の運転期間を2035年まで10年延長することで電気事業者との合意案に署名した。ベルギーでは、1986年のチョルノービリ原発事故後の2003年、緑の党を含む連立政権が脱原子力法を制定し、既存の原子炉7基の運転期間を40年に制限、2025年までに脱原発を達成することになっていた。しかし、ロシアによるウクライナ侵略が始まり、エネルギー供給を巡る状況が大きく変化したため、２基の稼働延長を決めたのである。

一方、ドイツでは、２０２２年末に最後に残った３基を恒久停止し、脱原発を完了する予定であったが、ウクライナ情勢による電力・エネルギー需給のひっ迫で、土壇場で再考を迫られた。２０２１年12月に発足したショルツ政権は、中道左派の社会民主党（ＳＰＤ）、環境政党の緑の党、リベラル・経済重視の自由民主党（ＦＤＰ）の３党による連立で、政治的な志向がかなり異なる取り合わせである。特に原子力に関しては、伝統的に緑の党が明確に反対、ＦＤＰは利用に積極的、３党の中の最大勢力であるＳＰＤは脱原発政策の堅持を基本姿勢としている。連邦政府は２０２２年10月19日に、脱原発の完了時期を２０２３年４月15日まで後ろ倒しする原子力法の改正案を閣議決定し、その後議会の同意を得た。この間、民間調査会社の世論調査によると、原発のさらなる稼働延長に賛成の意見は65％と過半数を超えるようになっていたが、記録的な暖冬で深刻な電力危機を回避できたこともあり、なんとかショルツ政権は脱原発を実現することになった。

## 8-4 ロシアと中国の原子力輸出を巡る地政学

以上のように、多くの西側諸国で原子力の利用拡大を目指す動きが広がる一方、世界における軽水炉の新規建設や計画をみると、中国とロシアが世界の市場を席巻している。特に中国は、2023年1月1日現在で稼働中が53基で米国の92基、フランスの56基に次ぐ世界第3位で、建設中と計画中の原子炉はそれぞれ24基、23基といずれも世界で最多である（表8-1）。順調に建設が進めば、2025年にはフランスを抜き世界第2位に、2030年代には米国を抜いて世界一の原子力大国になる可能性が高い。

また、2021年1月1日現在における世界で建設中のPWRの46基のうち約60％が、計画中の68基でも約55％がロシアと中国製の原子炉となっている（図8-1）。

特に多くの輸出案件を抱えているロシアは、ベラルーシ（1基）、インド（4基）、バングラデシュ（2基）、トルコ（4基）、イラン（1基）、エジプト（2基）などで建設中であり、世界一の原発輸出を行っている（表8-2）。

その中核を担っている国営企業ロスアトムは、BOO（Build-Own-Operate：建設・所有・運転）方式のビジネスモデルを提示している。導入国における原発建設費の負担を軽減するた

### 表8−1　世界の原子力発電開発の現状（2023年1月1日現在）

| 国・地域 | | 運転中 | | 建設中 | | 計画中 | |
|---|---|---|---|---|---|---|---|
| | | 基 | 万kW | 基 | 万kW | 基 | 万kW |
| 1 | アメリカ | 92 | 9,842.0 | 2 | 220.0 | | |
| 2 | フランス | 56 | 6,404.0 | 1 | 165.0 | | |
| 3 | 中国 | 53 | 5,559.6 | 24 | 2,471.0 | 23 | 2,588.4 |
| 4 | 日本 ※ | 33 | 3,308.3 | 3 | 414.1 | 8 | 1,158.2 |
| 5 | ロシア | 34 | 2,951.0 | 5 | 291.6 | 18 | 1,337.6 |
| 6 | 韓国 | 25 | 2,481.6 | 3 | 420.0 | | |
| 7 | カナダ | 19 | 1,451.2 | | | 1 | 30.0 |
| 8 | ウクライナ | 15 | 1,381.8 | 2 | 225.0 | | |
| 9 | スペイン | 7 | 739.7 | | | | |
| 10 | スウェーデン | 6 | 707.1 | | | | |
| 11 | インド | 22 | 678.0 | 11 | 880.0 | 12 | 1,030.0 |
| 12 | イギリス | 9 | 653.4 | 2 | 344.0 | 2 | 334.0 |
| 13 | ベルギー | 6 | 517.3 | | | | |
| 14 | ドイツ | 3 | 429.1 | | | | |
| 15 | チェコ | 6 | 421.2 | | | | |
| 世界計 | | 431 | 40,928.1 | 72 | 7,477.1 | 86 | 9,020.4 |
| （全39カ国・地域） | | （計33カ国・地域） | | （計20カ国） | | （計16カ国） | |

※日本の運転中の基数には、審査中等の基数を含む。出力はグロス電気出力表記。

出所：「世界の原子力発電開発の動向2023年版（2023年4月）」、日本原子力産業協会

### 図8−1　ロシア・中国製の原子炉の建設シェア（2021年1月1日現在）

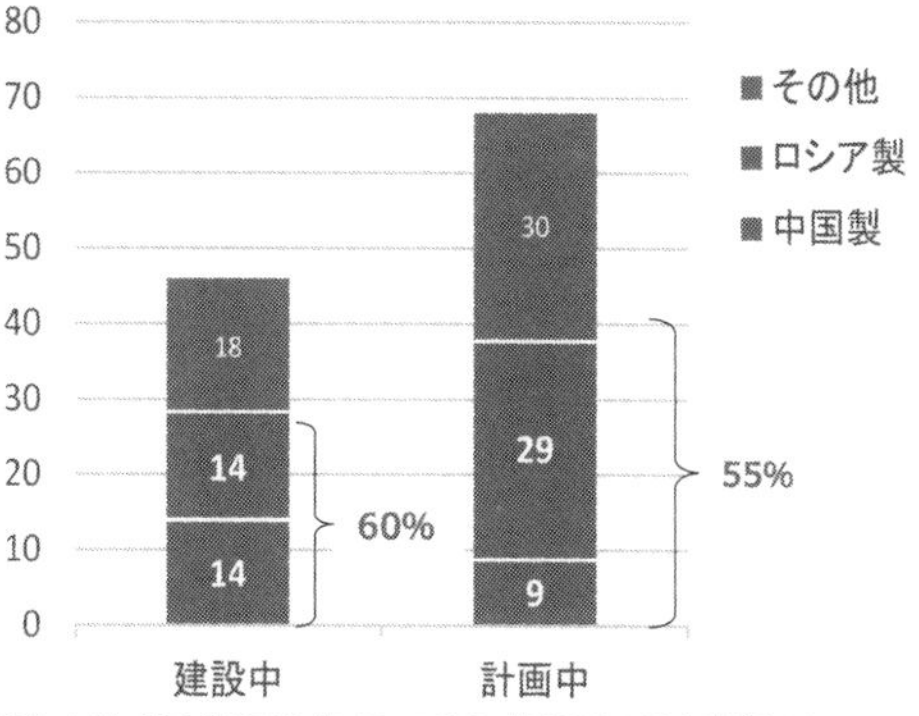


※「その他」には、米国AP1000やフランスEPR、韓APR1400などが含まれる

出所：経済産業省資源エネルギー庁資料（2022年3月28日）

表8-2　ロシアと中国の具体的な輸出案件

| ロシア | | 中国 | |
|---|---|---|---|
| ベラルーシ | 建設中（1基） | パキスタン | 稼働中（2基）<br>計画中（1基） |
| インド | 建設中（4基） | | |
| バングラデシュ | 建設中（2基） | 英国 | フランスと<br>建設中（2基） |
| トルコ | 建設中（4基） | | |
| イラン | 建設中（1基） | アルゼンチン | 計画中 |
| エジプト | 建設中（2基） | サウジアラビア | 応札可能性 |

出所：経済産業省資源エネルギー庁資料、日本原子力産業協会資料（2023年4月）を基に筆者作成

め、ロスアトムが原子炉を建設し、それを貸し出す形で運転して電力を供給する。さらに、このＢＯＯ方式は、原子炉の運転のみならずウラン燃料の提供、原子炉の管理、廃棄物の処理といったサービスも提供するもので、原子力分野の人材や専門的技能が不足する新規導入国にとっては、極めて魅力的なビジネスモデルになっている。

　このようなロシアの原子力輸出の背景について、慶應義塾大学環境情報学部の司雄一郎・廣瀬陽子の両氏による興味深い論文[1]が発表されており、そのポイントを紹介したい。

　１つ目は、ロシアの原発輸出は設置場所の自由があり、地政学的に重要なエリアを抑えることができるため、地政学的な意図に基づいて行われていること。原発輸出には、財政的なデメリットが存在するが、それでも推進する理由は経済的なものではない。ロシアの原発輸出先であるリムランド（西側と東側の大国間に属している緩衝地帯）は、ロシアにとってはもちろん、米国にとっても地政学的に重要な位置である。

2つ目は、経済的に魅力的な原発輸入の計画を持ち、そのうえで選択の余地がほとんどない狭間の国家を対象に、影響圏の拡大をロシアが目指すことは非常に合理的な選択であること。また、原発輸入国にとって、原子力合意を行い、原発を建てることで「同盟」という象徴として、ある程度のロシアに対する屈服を示すことは、ロシアからの理不尽な攻撃を防ぐことになるとしている。

3つ目は、ロシアの原発輸出が、影響圏拡大および獲得の戦略のひとつであるにも拘らず、それを西側諸国は安全保障上のリスクとして評価することが難しいために対応が遅れ、国際秩序においてパワーバランスを崩し得ること。西側諸国は今後、ロシアの原子力外交を単なる経済協力という認識ではなく、地政学的意図を持った活動の一環と捉え直し、脅威になり得るリスクとして注視していく必要があると結論づけている。

確かに現在、ロシアが原発建設を行っている国をみると、ベラルーシ、インド、バングラデシュ、トルコ、イラン、エジプトなど「グローバルサウス」と呼ばれる新興・途上国が多く含まれており、また、欧米とロシアの緩衝地帯に位置している。

一方の中国は、パキスタン（2基が稼働中、1基が計画中）および英国のヒンクリーポイントC原発（2基[2]）をフランス電力公社（ＥＤＦ）と共同で建設中である。しかし、近年は、英国政府内で原発を巡る中国依存を見直す動きが活発化している。また、2022年2月にアルゼンチン原子力発電会社は、自国で4基目となる原子炉「アトーチャ3号機」の建設に係るEPC契約[3]を中国核工業集団（CNNC）と締結したと発表した。中国が世界展開に向けて設計・開発した120万キロワット級の第3世代加圧水型軽水炉「華龍一号」が導入されることになる。

さらに、サウジアラビアは2017年以来、初の原発建設に向けて準備を進めており、近い将来に予想される建設入札に韓国、中国、フランスなどの企業が参加するとみられているが、長年の同盟国である米国との関係悪化から難しい選択を迫られそうである。中国が2023年3月に長年の宿敵であったサウジアラビアとイランの国交正常化の仲介役を果たしたが、原発建設で中国とサウジアラビアがどのような対応を取るのか大いに注目される。

ロイター通信によると、2019年に開催された中国人民政治協商会議（政協）で、広域経済圏構想の「一帯一路」に基づき、今後10年間に海外30カ所で原発建設が可能との意見が出された。政協の第13期全国委員会の常務委員で当時の中国核工業集団公司（CNNC）の王寿君董事長（会長、当時）は、中国は「一帯一路」がもたらす好機をフルに活用し、原子力産業を資金面と政策面でさらに支援する必要があると指摘している。また、王氏は、原発で「国外に打って出る」ことはすでに国家戦略となっており、原発輸出は、中国の輸出貿易の最適化、国内の高度な製造能力の対外開放に資するとも述べている。いずれにしても今後、中国は、ロシアと並んで世界の原発輸出で主導権を握り、グローバルサウスに対する影響力の強化を目指すとみられる。

【脚注】

（1）「ロシア原子力外交の地政学的脅威─運命共同体的〈同盟〉」、司雄一郎・廣瀬陽子、慶應義塾大学環境情報学部、２０２２年
https://presen.sfc.keio.ac.jp/assets/2022A11_YuichiroTsukasa.pdf

（2）英国は、現在８カ所での原子力発電所の新規建設を予定しているが、これまでは、「中国広核集団（ＣＧＮ：China General Nuclear Power Group）」を主な出資者として受け入れてきた。かつての英国核燃料公社（ＢＮＦＬ）の運営が行き詰まったため、民営化に舵を切り、技術はフランス、資本は中国という事業方式に移行した。例えば、エセックス州のブラッドウェルＢ発電所のＣＧＮ出資比率は66％、サフォーク州のサイズウェルＣ発電所のＣＧＮ出資比率は20％、ヒンクリーポイントＣ発電所のＣＧＮ出資比率は34％となっている。近年、英国内で中国を巡る地政学リスクへの意識が高まるなか、２０２２年6月には、「英国政府は、中国を排除するためにサイズウェルＣ原子力発電所の株式を２００億ポンドで購入する方向」との報道が出るなど、政府内で原発を巡る中国依存を見直す動きが活発化していることを伺わせる。

（3）エンジニアリング（Engineering）、調達（Procurement）、建設（Construction）を一括したプロジェクトとして請け負う契約方式。

# 第9章

# 新たなエネルギー地政学と日本の国家戦略

第1章から第8章まで、世界各国が脱炭素社会の実現に向けて、低炭素技術の開発を巡って激しい競争を繰り広げていること、また、そのなかで従来の石油・天然ガス供給の安全保障への懸念とは違った種類の地政学リスクが高まっていることを指摘してきた。特に中国は、今や世界屈指の石油・天然ガス輸入国であると同時に、再エネやレアメタルの供給網、蓄電池やEV、原子力開発など低炭素技術の分野で世界を席巻している。その中国およびロシアと西側諸国の政治的、経済的な対立と競争が激化するなか、日本は、新旧2つのエネルギー地政学リスクを新たな成長機会に変えるためにも、クリーンエネルギー分野の技術開発と社会実装に向けて、官民を挙げて取り組むことが急務となっている。

## 9-1 日本のエネルギー政策の変遷と脱炭素化が最優先課題に

2015年の「パリ協定」を契機に、脱炭素化が世界の潮流となるなか、当時の菅義偉首相は、2020年10月の国会での所信表明演説で、2050年までにCNを目指すことを宣言した。同時に、成長戦略の柱に経済と環境の好循環を掲げて、もはや気候変動対策は経済成長の制約ではなく、産業構造や経済社会の変革をもたらし、大きな成長につなげるという「グリーン成長戦略」を打ち出した。

それで思い出されるのは、今から50年前の1973年と1979年に2度の石油危機に直面して、日本は「脱石油」へとエネルギー政策を大きく転換したことである。当時の日本は、1次エネルギー供給の約4分の3を石油、その大部分を中東から輸入しており、発電部門でも約7割が石油火力であった。その後、脱石油を最優先課題として、官民を挙げて原子力やLNG、石炭の開発・導入を進め、2010年度にはLNG・原子力・石炭の発電量の割合がそれぞれ29％、28％、25％と非常にバランスのとれた電源構成を実現した（図9-1）。

このように電源の脱石油はほぼ達成されたが、2011年3月の東日本大震災と福島第一原発事故で状況が一変し、エネルギー政策は「脱原発」へと流れが大きく変化した。現在は、脱炭素化が最優先の政策目標となっているが、同年度の発電量比率はLNGが34％、石炭が31％、石油などが7％と化石燃料が73％を占め、水力を含む再エネが20％、原子力は7％である。欧米の非化石電源の比率をみると、EUの60％（再エネ37％・原子力25％）、米国の39％（再エネ20％・原子力19％）に対して、日本は27％と低水準だが、その主な要因のひとつは原発再稼働の大幅な遅れにある。

世界各国のエネルギー政策は、化石燃料資源の賦存状況や再エネの導入ポテンシャル、技術力の高さや地政学的な環境、国民世論の動向などで大きく左右されてきた。現在、日本の

図９-１　戦後日本の発電量の推移

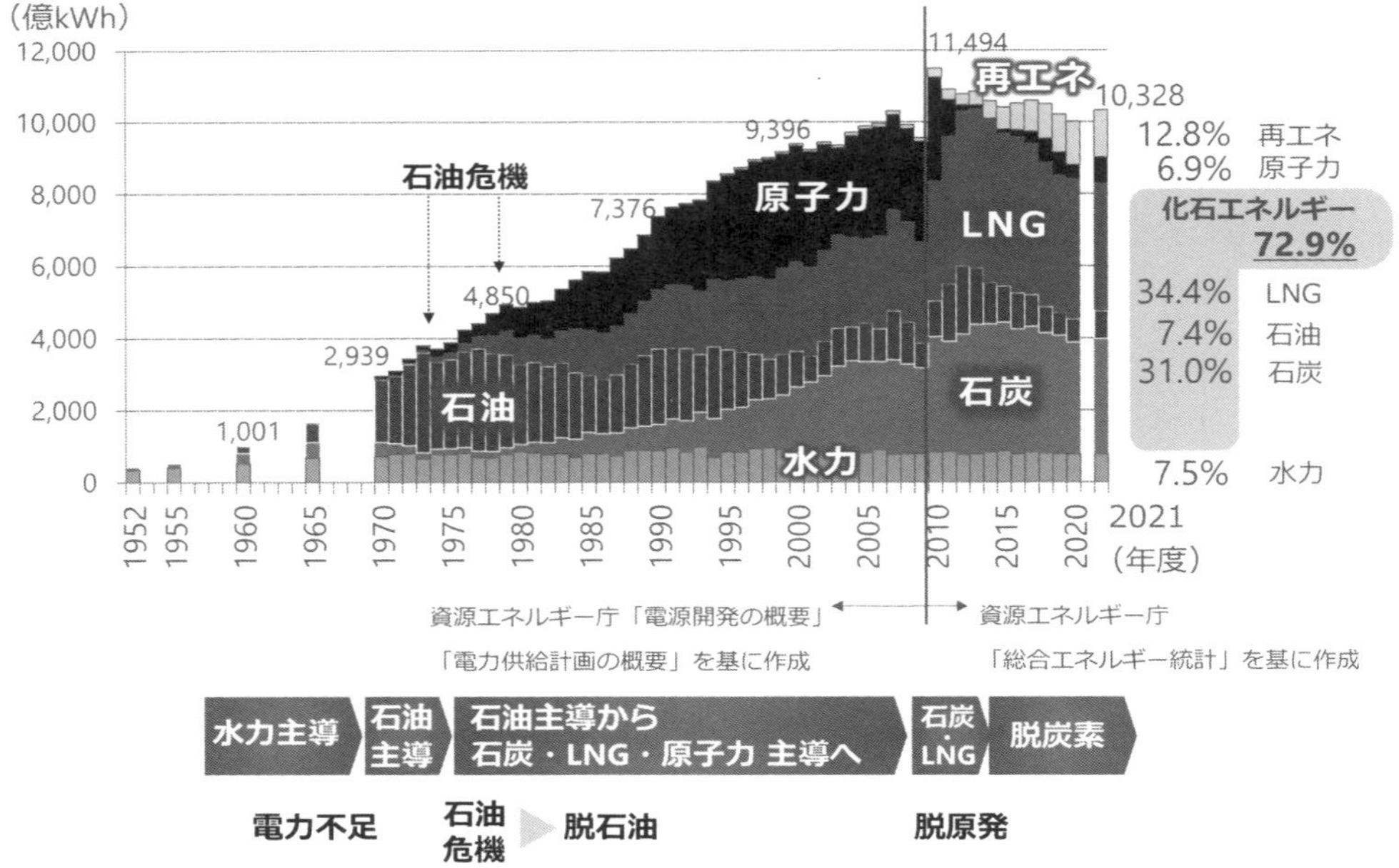


出所：経済産業省資源エネルギー庁「エネルギー白書」などを基に筆者作成

エネルギー政策の基本原則は「S＋3E」、すなわち安全性（Safety）を大前提に、安定供給（Energy Security）、経済効率性（Economic Efficiency）、環境適合性（Environment）のバランスを取りながら目標を実現するとしている。「クリーンエネルギー移行」が時代の強い要請となるなか、非化石発電である再エネや原子力、水素・アンモニアなどの利用拡大が重要な政策課題となっている。日本は、かつて石油危機を省エネや代替エネルギーの技術開発、産業構造の転換によって乗り越えたように、脱炭素化を新たな成長機会としてどう生かせるかが問われている。

## 9-2　再エネの地政学と国家エネルギー戦略を考える視点

日本が位置する東アジア地域では、中国やロシアが覇権主義的な行動を強めており、また、北朝鮮の相次ぐミサイル発射など、日本を取り巻く安全保障環境は一層厳しさを増している。国土が狭い島国である日本は、化石燃料や重要鉱物の無資源国であると同時に、再エネの導入ポテンシャルでも国際的に比較劣位にあり、地震や洪水・土砂災害などが起きやすい地形的、地理的な条件下にあるなど、克服すべき課題を多く抱えている。

図9-2　再エネの地政学と国家エネルギー戦略を考える視点

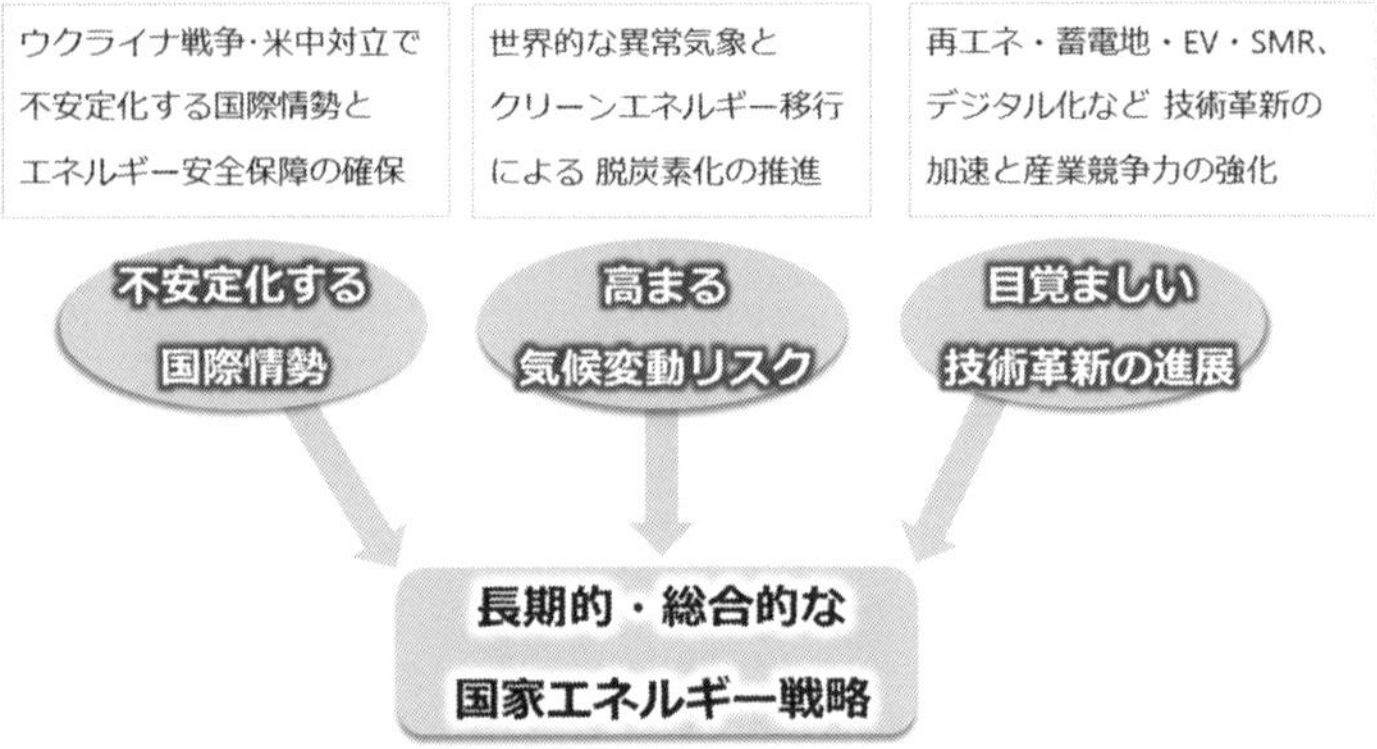
ウクライナ戦争・米中対立で
不安定化する国際情勢と
エネルギー安全保障の確保
世界的な異常気象と
クリーンエネルギー移行
による 脱炭素化の推進
再エネ・蓄電地・EV・SMR、
デジタル化など 技術革新の
加速と産業競争力の強化
不安定化する
国際情勢
高まる
気候変動リスク
目覚ましい
技術革新の進展
長期的・総合的な
国家エネルギー戦略

出所：筆者作成

このようなか、エネルギーの安定確保は、食料と並んで国家存立の基盤であることから、国家エネルギー戦略は、短期的な部分最適ではなく、長期的かつ総合的な全体最適を目指すことが強く求められている。特にエネルギー移行期においては、新旧2つの地政学リスクが高まっているため、次の3つの視点から国家エネルギー戦略を構想する必要がある。(図9−2)。

1つ目は、一段と不安定化する国際情勢の中で日本のエネルギー安全保障をどのように確保するかである。2021年度における日本のエネルギー自給率は先進国の中でも最下位の11%で、原油の90%以上を中東に、また、LNGの約9%をロシアに依存している。さらに、再エネ関連技術に欠かせない重要鉱物についても、ほとんどを輸入に頼っている。

一方、中国は、石油・天然ガスの大輸入国としてサウジアラビアやロシアなどに対する影響力を一段と強めており、需給ひっ迫時には日本企業の「買い負けリスク」が高まっている。また、日中両国の政治的な対立がエスカレートすれば、中国が最大の供給国であるレアアースなど重要鉱物の供給途絶のリスクが再発する恐れがある。その意味で、日本のエネルギー安全保障の確保にとって、新旧2つのエネルギー地政学リスクに対する十分な備えが喫緊の課題となっている。

2つ目は、地球温暖化による気候変動リスクが今や深刻な地球安全保障の問題となっていることである。特にパリ協定以降は、欧米から化石燃料消費による$CO_2$排出の大幅削減を求める圧力が強まっており、エネルギーの脱炭素化が急務となっている。2023年4月に北海道札幌市で開かれたG7気候・エネルギー・環境相会合では、世界の温室効果ガス排出量を2019年比で2030年までに約43%、2035年までに約60%削減することの緊急性が高まっており、排出削減対策を講じていない化石燃料の段階的な廃止に取り組むことで合意し、首脳宣言に盛り込まれた。

このようななか、多くの「グローバルサウス」と呼ばれる新興・途上国は、今後も化石燃料の需要増加が続くため、G7からの低炭素技術の移転や資金協力を強く求めている。もしG7がその要望に応えなければ、中国はその間隙をぬって、低炭素技術分野での協力をテコに新興・途上国への政治的な影響力の拡大を図るだろう。日本は、インド太平洋地域の脱炭素化に向けて、低炭素技術の導入や人材育成、資金協力などでリーダーシップを発揮する必要がある。

その意味では、2023年5月に新潟県新潟市で開催されたG7財務相・中央銀行総裁会合で、議長国の日本は、重要鉱物などクリーンエネルギーの供給網を多様化するため、G7が新興・途上国を支援する取り組みを主導した。この新たな枠組みは、関係国や国際機関と協力して遅くとも同年末までの発足を目指すと共同声明に明記され、G7首脳の個別声明として「G7クリーンエネルギー経済行動計画」に盛り込まれた。

3つ目は、再エネ・蓄電地・EV・小型モジュール炉や情報技術（IT）化など目覚ましい技術革新が進むなか、クリーンエネルギー分野でのわが国産業の国際競争力をどのように強化するかである。中国の習近平政権は、2015年に「中国製造2025」を発表し、製造業の高度化を目指すなど国家主導の産業政策を推進してきた。今や中国は、PVパネルや風力発電タービン、蓄電池やEV、原子力開発など低炭素技術の分野で世界のトップリーダーの地位を築いている。

日本では、2023年2月に脱炭素化、エネルギー安定供給、経済成長の3つを同時に達成するため「グリーントランスフォーメーション（GX）実現に向けた基本方針」が閣議決定されたが、中国や欧米諸国に比べても、大幅な出遅れ感が否めない。脱炭素化やエネルギー安全保障の確保など公益的な課題に取り組むには、国・企業・大学などの協力体制を含めて、新たな産業政策のあり方が問われており、GXの成否が重要な試金石になるだろう。

以上のように、日本が目指すべき国家エネルギー戦略は、気候変動による地球安全保障、中国・ロシアなどの脅威に対する国家安全保障、重要鉱物の供給確保や先端技術の知的財産権の保護など経済安全保障と密接な関係にあり、長期的かつ総合的な観点から構築すべきである。日本は、気候変動対策、外交・安全保障、産業政策や科学技術政策などと緊密に連携を取りながら、自国の強みを生かした国際的なクリーンエネルギー戦略を進め、不安定化する国際社会の中で存在感を高めていく必要がある。

## 9-3　アジアの脱炭素化と日本の国際戦略

経済産業省は、2022年3月に発表した「カーボンニュートラル実現に向けた国際戦略」で、経済と環境の好循環を生み出すために、今後、世界の成長エンジンとなるアジアなどの成長市場も視野に入れて、CNに向けた国際的な潮流をリードし、国際連携による革新的な技術開発や、その社会実装、ルール形成を進めていくとした。具体的な政策・手法に関して、すでに各国間で「協力」と「競争」がせめぎ合う激しい戦略競争が始まっている。日本は、世界全体でCNの実効性を上げるため、次の3点を重視して取り組むとしている（図9-3）。

図9-3　世界全体のCN実現に向けた日本の国際戦略

Various Pathways
（各国の事情に応じた幅広い技術、エネルギー源を活用した多様な道筋の確保）
Innovation
（水素、アンモニア、CCUS等の革新的技術の開発・社会実装に向けたイノベーション協力）
Engagement
（ファイナンスや人材育成、革新的技術を活用した途上国・新興国とのエンゲージメント）

出所：経済産業省産業技術環境局・資源エネルギー庁資料（2022年3月1日）

①CNの実現には「Various Pathways」があり、各国の事情に応じた幅広い技術、エネルギー源を活用した多様な道筋を確保すること。②経済と環境の好循環を生み出すには、「Innovation」が不可欠であり、水素、アンモニア、CCUSなどの革新的技術の開発・社会実装に向けてイノベーション分野での国際協力を推進すること。③今後、エネルギー需要の増加が見込まれる新興・途上国の脱炭素化を支援するための「Engagement」、すなわちファイナンスや人材育成、革新的技術の活用などで積極的な関与を進めること。

これに関連して指摘したいのは、前述の札幌市で開催されたG7気候・エネルギー・環境相会合で、石炭火力を巡って議長国の日本は欧米からの強い圧力にさらされたことである。特に欧州諸国は石炭火力の廃止時期の明示を迫り、アンモニアを混焼する取り組みにも批判が相次いだと報じられている。

欧州諸国では、1980年代に北海のガス田開発が進み、また、ロシアからのパイプラインガスの輸入が拡大したこともあり、石炭火力から天然ガス火力への転換が進んだ。その結果、稼働中の石炭火力の多くは老朽化して償却済みで、脱石炭を進めやすい環境にある。また、米国も、シェールガス開発によって安価な国産ガスの供給が急増し、老朽化した石炭火力を閉鎖して天然ガス火力を新設する動きが加速してきた。

それに対して、電力需要が急増するアジアの新興・途上国では、過去20年の間に石炭火力が相次いで新設され、欧米とは異なり償却中の比較的新しい発電所を多く抱えている。また、欧米のようにパイプラインによる天然ガス供給は非常に限られており、高価なLNGを大量に輸入して燃料転換を進めるのは経済的にもハードルが高い。日本では、2011年の福島第一原発事故を契機に、電力供給力の不足を回避するため石炭火力の新設が増えたこともあり、早期に脱石炭火力を実現するのは容易ではない。石炭火力におけるアンモニアの混焼は、エネルギー移行期における現実的かつ有効な$CO_2$削減対策のひとつと考えるべきである。

このように欧米とアジアでは、エネルギー需給を取り巻く条件や環境が異なるため、欧米流の手段や手法をそのまま適用するには限界があり、むしろ3E（環境、経済、安定供給）のバランスを追求する日本のアプローチとの親和性が高いといえる。もしG7がアジア諸国の実状を十分に考慮した支援策を採らなければ、中国がアジアの脱炭素化を政治的、経済的な影響力拡大の好機とするだろう。日本は、アジア諸国とエネルギー供給面で類似性を持ち、また、地理的に相互に近接していること、さらに、政府間およびビジネス間の結びつき、信頼関係が強いことから、アジアの脱炭素化に向けて大きな役割を果たすことができる。

２０２３年3月には、日本の主催で初めて「アジア・ゼロエミッション共同体（ＡＺＥＣ）」の閣僚会議が東京で開催された。参加したのは、ミャンマーを除くＡＳＥＡＮ加盟国と日豪の11カ国で、ゼロエミッション技術の開発、水素インフラでの国際共同投資と共同資金調達、技術などの標準化、カーボンクレジット市場などについて取り組みを進めることで合意した（図9-4）。会議の共同声明では、特に次の３分野で情報を共有し、議論し、行動することが明記された。

1. 省エネ、再エネ、水素、アンモニア、エネルギー貯蔵、バイオマスエネルギー、ＣＣＵＳなどの脱炭素戦略・計画・ビジネス・技術の開発・実証・展開。
2. 電力網を含む脱炭素インフラへの投資と、重要な鉱物・材料を含むクリーンエネルギー・サプライチェーンの開発に対する資金支援。
3. 脱炭素技術の標準化の開発、調和および相互運用性の確保、こうした分野の人材育成の強化。

図9-4　アジア・ゼロエミション共同体構想

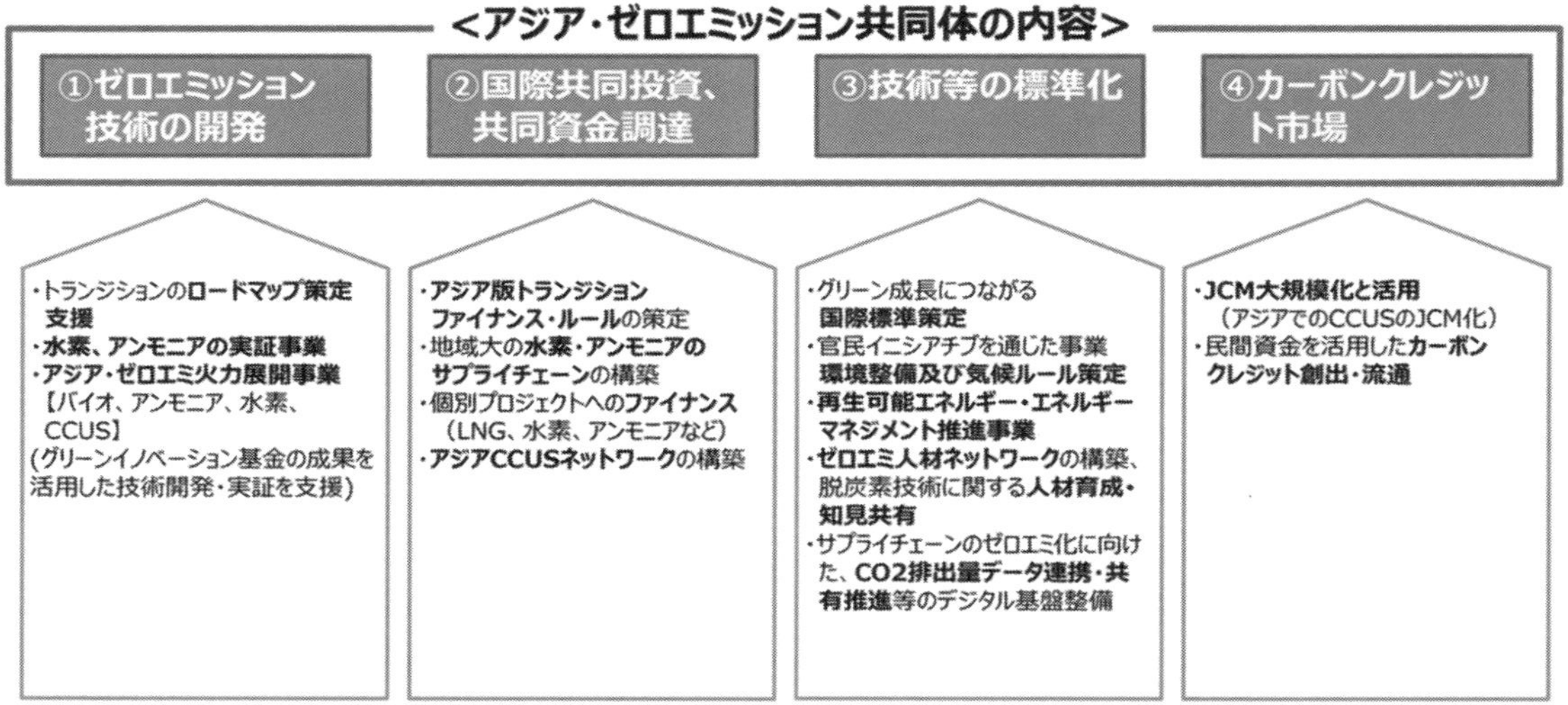
<アジア・ゼロエミッション共同体の内容>
①ゼロエミッション技術の開発
②国際共同投資、共同資金調達
③技術等の標準化
④カーボンクレジット市場
・トランジションのロードマップ策定支援
・水素、アンモニアの実証事業
・アジア・ゼロエミ火力展開事業【バイオ、アンモニア、水素、CCUS】
(グリーンイノベーション基金の成果を活用した技術開発・実証を支援)
・アジア版トランジションファイナンス・ルールの策定
・地域大の水素・アンモニアのサプライチェーンの構築
・個別プロジェクトへのファイナンス（LNG、水素、アンモニアなど）
・アジアCCUSネットワークの構築
・グリーン成長につながる国際標準策定
・官民イニシアチブを通じた事業環境整備及び気候ルール策定
・再生可能エネルギー・エネルギーマネジメント推進事業
・ゼロエミ人材ネットワークの構築、脱炭素技術に関する人材育成・知見共有
・サプライチェーンのゼロエミ化に向けた、CO2排出量データ連携・共有推進等のデジタル基盤整備
・JCM大規模化と活用（アジアでのCCUSのJCM化）
・民間資金を活用したカーボンクレジット創出・流通

出所：経済産業省産業技術環境局・資源エネルギー庁資料（2022年3月1日）

また、AZEC参加国は、原則として、年1回の閣僚会合と定期的な高級実務者会合を開催することでも合意した。日本は、アジア唯一のG7加盟国である立場を活かして、世界のCNの実現に向けて、アジア諸国と欧米の橋渡し役として大きな役割を果たすことが期待されている。

## 9-4　GX投資と低炭素技術の産業競争力の強化

世界的に脱炭素化の機運が高まるなか、日本は、2030年度の温室効果ガス46％削減(2013年度比)、2050年のCN実現という国際公約を表明している。産業革命以来の化石燃料に依存した産業構造・社会構造をクリーンエネルギー中心へ転換するGXは、1970年代以降の省エネや代替エネルギー開発による脱石油をはるかに上回る産業・エネルギー政策の大転換を意味している。

すでに欧米各国は、ロシアによるウクライナ侵略を契機に、これまでの脱炭素化への取り組みをさらに加速させ、国家を挙げて発電、産業、運輸、家庭など各部門の脱炭素投資を支援している。EUでは、10年間に官民協調で約140兆円の投資実現を目標とした支援策を決め、また、米国では、超党派でのインフラ投資・雇用法に加え、2022年8月には10年間で約50兆円の国による対策（インフレ抑制法）を決めるなど、国家を挙げた脱炭素投資への支援策、新たな市場やルール形成の取り組みを進めている（第4章、第5章を参照）。

世界は、GXに向けた脱炭素投資の成否が企業・国家の競争力を大きく左右する新たな時代に突入しているといえる。日本政府は、2022年12月22日に「GX実現に向けた基本方針～今後10年を見据えたロードマップ～」を発表し、2023年度の通常国会に提出した必要な2法案を一部修正のうえで可決、成立させている。

1つ目の「GX脱炭素電源法」は、5つのエネルギー関連法の一括改正を図る「束ね法案」である。具体的には、再エネの最大限の導入を促進するため、再エネ導入に資する送電線などの系統整備への支援策の強化、既存PV設備への追加投資に対する促進策などが盛り込まれている。原子力については、安全確保を大前提に、安全規制の変更や仮処分命令などによる停止期間に限り運転期間の延長を認めること、また、国・事業者の責任を明確化させて、再処理・廃炉・最終処分のプロセスを加速化させることなどが含まれている。

2つ目の「GX推進法」では、2050年CNなどの国際公約と産業競争力強化・経済成長を同時に実現するため、GX経済移行債の発行と成長志向型カーボンプライシングの導入を行うとしている。GX推進会議の見通しでは、今後10年間で150兆円を超える官民のGX投資が必要になるとみている（図9-5）。具体的には、エネルギー供給の脱炭素化に約60兆円、産業の構造転換に約50兆円、エンドユースの脱炭素化に約30兆円、炭素固定技術の研究開発（R&D）と実証に約10兆円を投資する必要があるとしている。このようなGX推進戦略の実現に向けた先行投資を支援するために、新たな制度が導入される（図9-6）。

ＧＸ経済移行債は、２０２３年度から10年間で20兆円規模とし、エネルギー・原材料の脱炭素化と収益性向上を図るために、革新的な技術開発や設備投資への支援に向けられる。その財源としては、化石燃料の輸入事業者に対する賦課金（開始は２０２８年度）、および発電事業者の排出枠の有償化による負担金（同２０３３年度）の収入を充当し、２０５０年度までに償還するとしている。２０２８年度から導入される排出量取引制度では、発電事業者に対する有償枠が２０３３年度から段階的に引き上げられることになっている。

すでに日本では、１９７８年から輸入石油に対する課税が始まり、その後は輸入石炭・天然ガスにも拡大され、石油石炭税[1]の税収は、２０２１年には６３５５億円で、それを財源に燃料の安定供給や省エネや新エネルギー、地球温暖化対策などに充てられてきた。今後、石油石炭税は、需要の減少で税収は減るが、化石燃料賦課金によって新たな炭素税が上乗せされるため、需給の両面で脱炭素投資を促進すると期待できる。また、発電事業者に対する排出枠の有償化は、将来の予見可能性を明示することで、発電事業者が再エネや原子力など非化石電源への円

図9-5　GXを実現する官・民の投資のイメージ

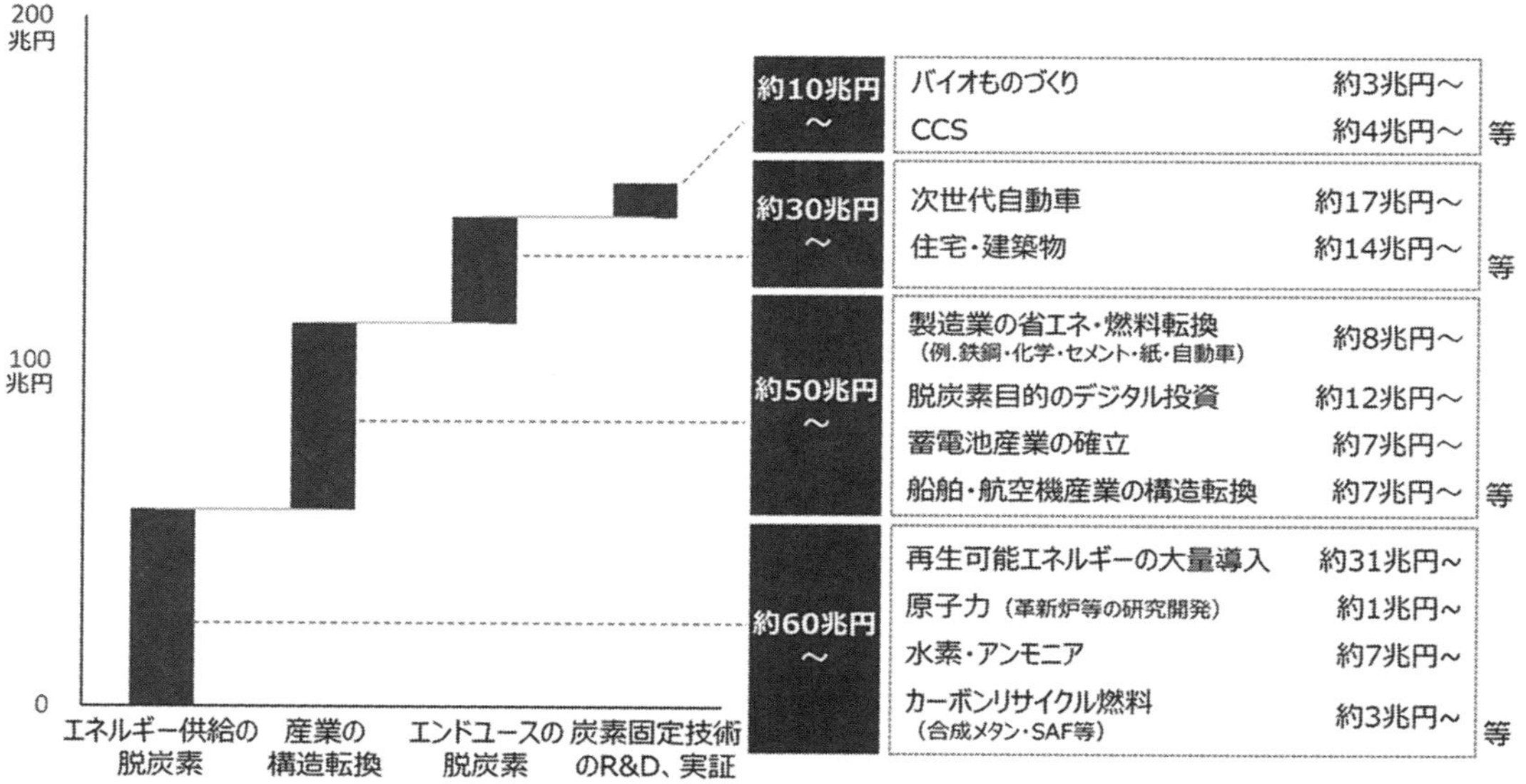


*投資額については暫定値であり、それぞれ一定の仮定を置いて機械的に算出したもの、
今後変わる可能性がある点に留意、PJの進捗等により増減もありうる

出所：「GX実現の政策イニシアティブの具体化」、GX推進会議資料（2022年11月22日）

図9-6　成長指向型カーボンプライシングの導入

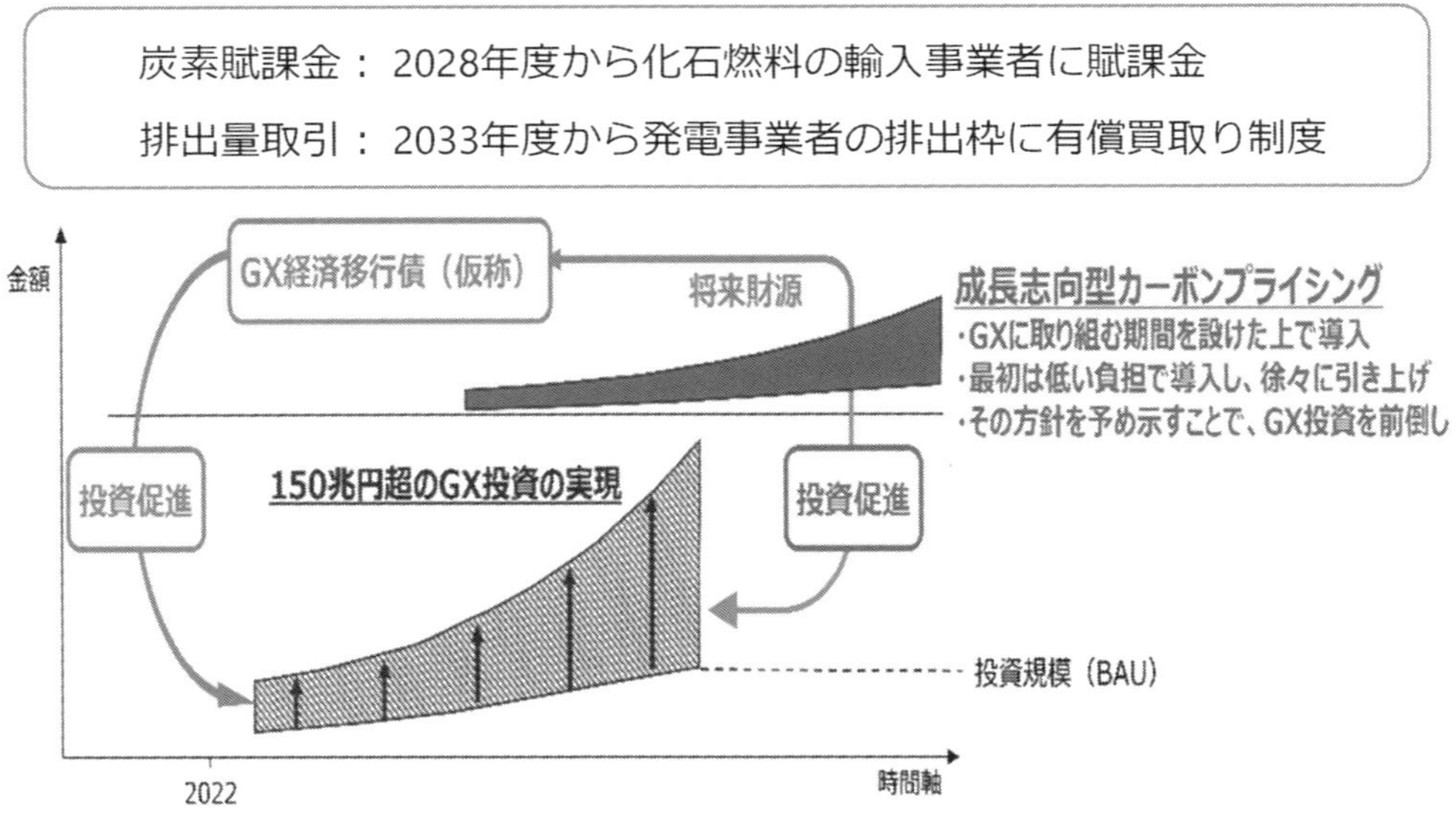


出所：「GX実現の政策イニシアティブの具体化」、GX推進会議資料（2022年11月22日）を基に筆者作成

滑な移行を後押しする効果が見込まれる。

さらに、政府は、2023年4月4日に開かれた関係閣僚会議で、水素エネルギーの導入促進のため、現行の「水素基本戦略」を改定することを決めた。主なポイントとして、次の3点が挙げられている。

1. 水素の導入量について、現在の30万トン、2030年目標は300万トンだが、新たに2040年に1200万トン程度の野心的な目標を設定する。
2. 官民合わせて15年間で15兆円の投資計画を実現するため、規制・支援一体型の制度の整備を行う。
3. $CO_2$排出が少ない「クリーン水素」への移行を明確化し、その国際標準化のルール形成で議論をリードする。

## 9-5 再エネの主力電源化と克服すべき課題

世界的に再エネの導入拡大が進んでいるが、日本でも2012年7月にFIT制度が導入されて以降、発電量に占める再エネ（水力を含む）比率は、2010年度の10・4%から

表9-1　再エネの電源構成比の推移と2030年の導入目標

| 再エネの<br>電源構成比<br>発電電力量:億kWh<br>設備容量:GW | 2011年度 | 2020年度 | | 2030年ミックス | |
|---|---|---|---|---|---|
| | **10.4%**<br>(1,131億kWh) | **19.8%**<br>(1,983億kWh) | | **36-38%**<br>(3,360-3,530億kWh) | |
| **太陽光** | 0.4% | **7.9%** | | **14-16%程度** | |
| | | **61.6GW** | **791億kWh** | **104~118GW** | **1,290~1,460億kWh** |
| 風力 | 0.4% | 0.9% | | 5%程度 | |
| | | 4.5GW | 90億kWh | 23.6GW | 510億kWh |
| 水力 | 7.8% | 7.8% | | 11%程度 | |
| | | 50GW | 784億kWh | 50.7GW | 980億kWh |
| 地熱 | 0.2% | 0.3% | | 1%程度 | |
| | | 0.6GW | 30億kWh | 1.5GW | 110億kWh |
| バイオマス | 1.5% | 2.9% | | 5%程度 | |
| | | 5.0GW | 288億kWh | 8.0GW | 470億kWh |

出所：経済産業省資源エネルギー庁資料（2022年10月17日）

２００２年度には19・８％に急増した（表9-1）。

２０２１年10月に閣議決定された第６次エネルギー基本計画では、再エネ最優先の原則を踏まえ、国民負担の抑制と地域との共生を図りながら最大限の導入を目指し、２０３０年度には

36〜38％程度を実現するとしている。今後、日本において再エネが主力電源となるためには、克服すべき多くの課題がある。

まず、日本の再エネの発電コストは着実に低下してきたが、国際比較すると依然高い水準にあるため、さらなる低減が必要となっている。また、再エネの中でもＰＶの増加が際立っており、その導入容量を国土面積あたりでみると、２０１９年時点で日本は主要国の中で最大で、平地面積ではドイツの2倍となっている（図9-7）。近年は、大雨や洪水による安全面や防災面、また、景観や環境影響などに対する住民の懸念が各地で広がっている。さらに、国内で設置されるＰＶパネルの多くが中国製であり、新疆ウイグル自治区の人権問題も看過できない問題となっている（第2章を参照）。

このようななか、日本の研究者が開発した「ペロブスカイト太陽電池」は、液状の材料を塗布して作った薄膜で形成されるため、従来の結晶シリコン型よりも高い変換効率や印刷技術で量産できる可能性があり、また、曲げやゆがみに強くて軽いため応用分野が広いなど、その実用化への期待が高まっている。同技術は、次世代太陽電池として有望視されており、世界市場の拡大を目指すためにも、国際的な性能評価方法の標準化など日本が果たすべき役割は大きい。

一方、自然変動電源であるＰＶや風力発電が主力電源化すれば、強靱なネットワークの構築など系統の整備、および出力変動を調整する「調整力」の確保が必要となる。再エネで先行す

図9-7　面積あたりの各国太陽光発電設備容量（2019年時点）

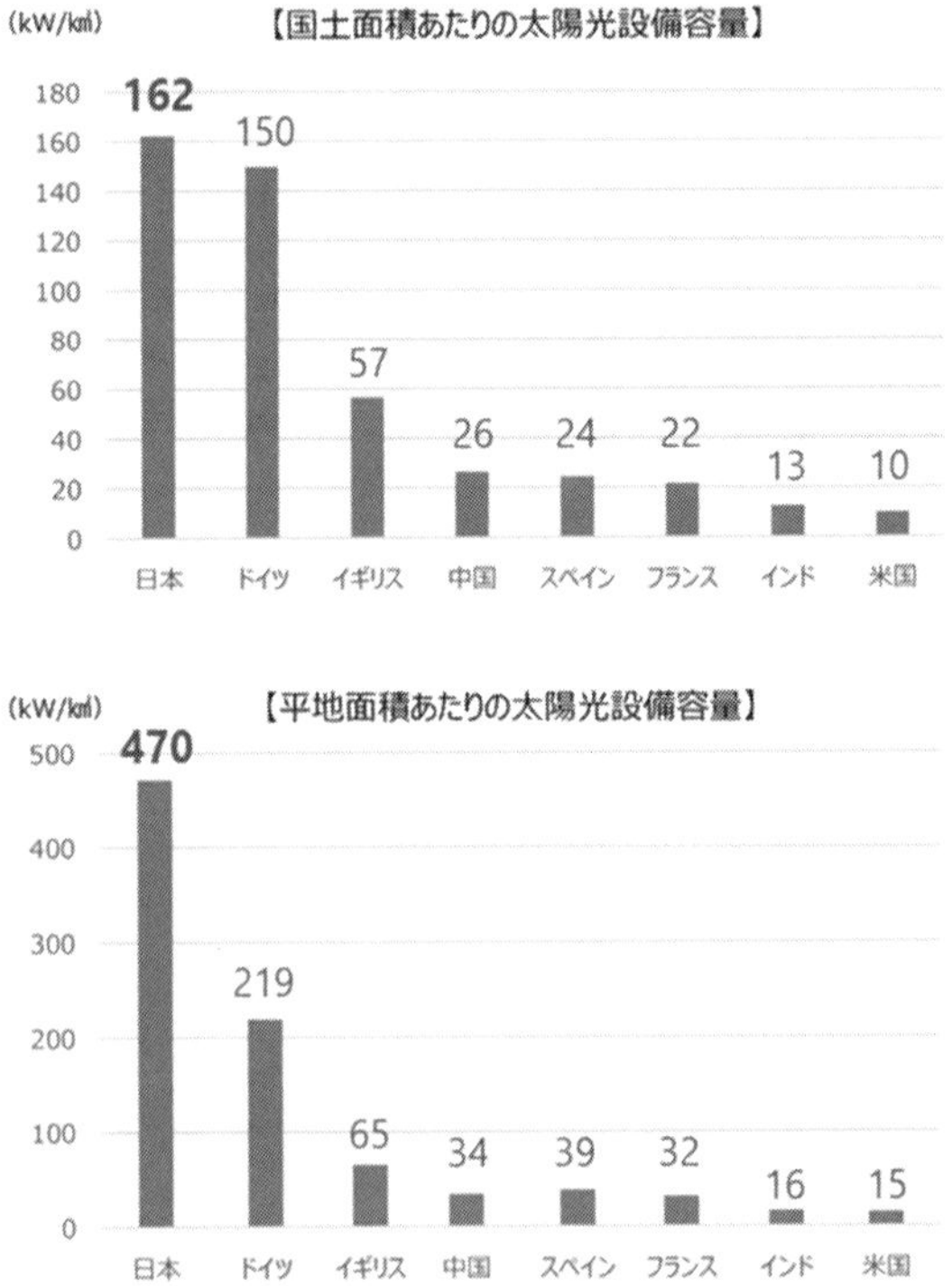


出所：経済産業省資源エネルギー庁資料（2022年10月17日）

る欧州諸国では、国家間の送電が可能な国際送電網の整備が進んでいるが、日本は、周辺国との連携がないうえに、東日本（50ヘルツ）と西日本（60ヘルツ）でほぼ分断化されている。ちなみに、東日本大震災後に東西両エリアで電力を融通できる周波数変換設備の容量は、従来の120万キロワットから210万キロワットに増強されたが、もし大地震が起きて大規模な電力不足が発生した場合には、十分に対応できない恐れがある。また、調整力を確保するには、定置用蓄電池の大量導入や脱炭素電源の水素・アンモニアの活用などが不可欠となる。

このようななか、日本政府は、再エネの主力電源化に向けて、大量導入とコスト低減が可能で経済波及効果が期待できる洋上風力発電を、切り札にする方針を打ち出している。すでに欧州諸国を中心に全世界で導入が急増し、近年は、中国・台湾・韓国などアジアでも急成長が見込まれている。「洋上風力の産業競争力強化に向けた基本戦略」によると、政府の導入目標として2030年に1000万キロワット、2040年までに3000万〜4500万キロワットの案件を形成するとしている（図9-8）。また、産業界は、国内調達比率を2040年までに60％、着床式発電コストを2030〜2035年までに8〜9円／キロワット時の達成を目標に設定している。

すでに2021年12月には、秋田県、千葉県沖の3海域で合計約170万キロワットの入札結果（第1ラウンド[2]）が発表されたが、大手電力会社を含めて複数の企業体が参戦するなか、三菱商事を中心とする企業連合が安価な売電価格で3海域をすべて落札した。その後、売電価格などに加えて「稼働時期の早さ」を加味した新たな条件で第2ラウンド[3]の入札が実施され、2023年末に落札事業者が公表される予定である。その対象は、秋田県、新潟県、長崎県の4海域で合計約180万キロワットの着床式の洋上風力発電である。

図9-8　洋上風力産業ビジョン（第1次）の概要

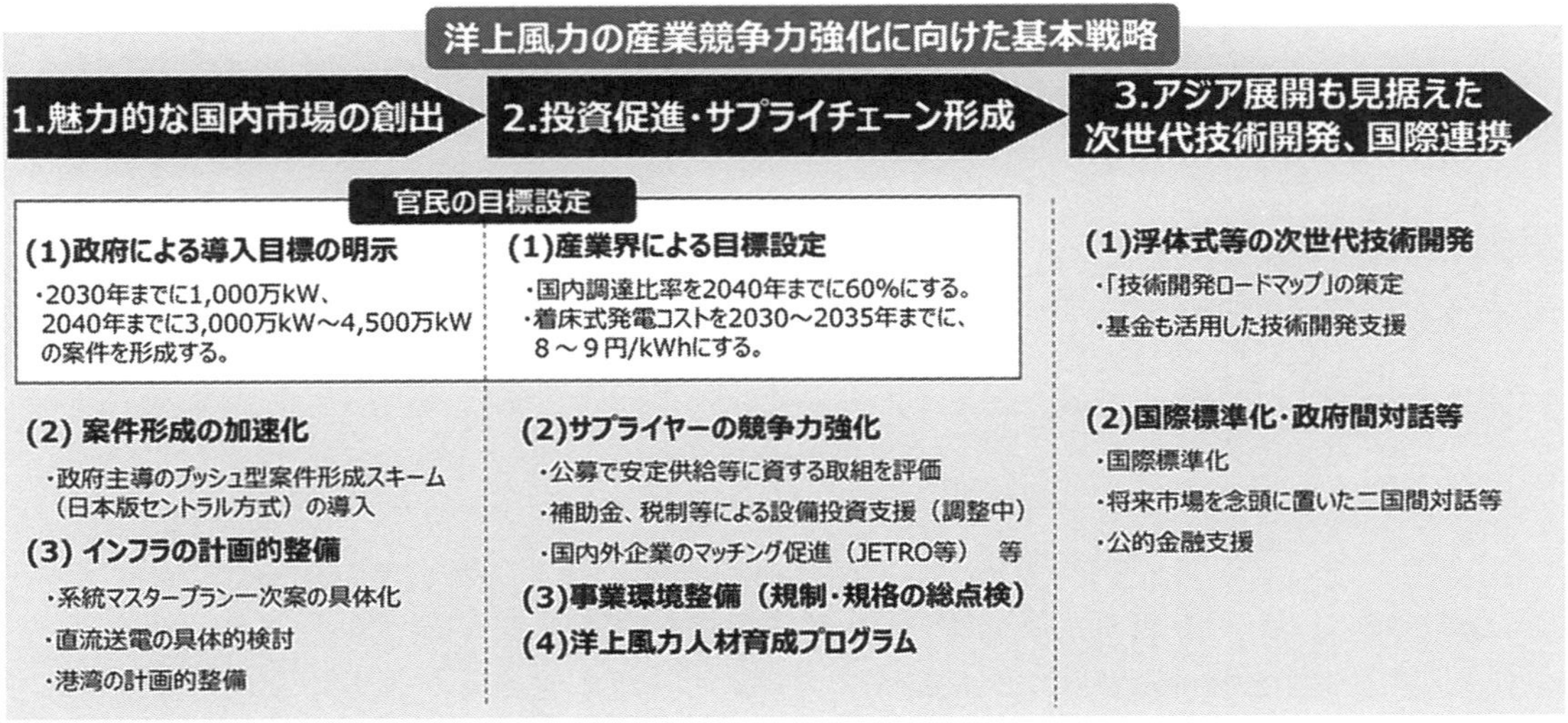
洋上風力の産業競争力強化に向けた基本戦略
1.魅力的な国内市場の創出
2.投資促進・サプライチェーン形成
3.アジア展開も見据えた次世代技術開発、国際連携
官民の目標設定
(1)政府による導入目標の明示
・2030年までに1,000万kW、2040年までに3,000万kW～4,500万kWの案件を形成する。
(1)産業界による目標設定
・国内調達比率を2040年までに60%にする。
・着床式発電コストを2030～2035年までに、8～9円/kWhにする。
(2) 案件形成の加速化
・政府主導のプッシュ型案件形成スキーム（日本版セントラル方式）の導入
(3) インフラの計画的整備
・系統マスタープラン一次案の具体化
・直流送電の具体的検討
・港湾の計画的整備
(2)サプライヤーの競争力強化
・公募で安定供給等に資する取組を評価
・補助金、税制等による設備投資支援（調整中）
・国内外企業のマッチング促進（JETRO等）　等
(3)事業環境整備（規制・規格の総点検）
(4)洋上風力人材育成プログラム
(1)浮体式等の次世代技術開発
・「技術開発ロードマップ」の策定
・基金も活用した技術開発支援
(2)国際標準化・政府間対話等
・国際標準化
・将来市場を念頭に置いた二国間対話等
・公的金融支援

出所：経済産業省資源エネルギー庁「エネルギー白書2022」

洋上風力は、海上に設置するため陸上より基礎づくりが難しく、洋上変電設備や海底ケーブルの設置が必要で、建設費および維持管理費が高くなる。他方、陸上より風況が良くて安定した発電が可能、土地や道路の制約がないため大型風車の導入も比較的容易で、また、景観や騒音への影響も小さくできる。さらに、日本には、潜在的な技術力とものづくりの基盤があり、地元との連携を図ることで地域経済の活性化にも大きく貢献できる。

第1章で述べたように、2023年5月の広島サミットで、G7は、2030年までに洋上風力の容量を合計で1億5000万キロワット（2021年実績の約8倍）増加させることで合意している。そのため、周辺を深い海域で囲われている日本は、浮体式風力発電で世界をリードできる可能性もあり、GX推進の重要な柱として、官民学が連携して取り組む必要性が一層高まったといえる。

## 9-6 再エネVS原子力の「二項対立」からの脱却を

今後、再エネの主力電源化が進むとみられるなか、電力供給の安定確保にとって、クリーンな「ベースロード電源」である原子力発電の役割も大きくなるだろう。日本では、東日本大震災以降、エネルギー政策を巡って再エネか原子力かの「二項対立」の構図から抜け出せず、一種の思考停止の状態が続いてきた。その際、再エネ開発を主導してきたドイツを引き合いに、日本も脱原発を推進すべきとの意見をよく耳にした。第4章でも述べたように、国際送電網が整備されているEUでは、各国の実状を反映して、地域全体で再エネと原子力がバランス良く利用されてきた。脱炭素社会の実現に向けて、どのような技術選択と政策が最適かは、各国の置かれた諸条件によって異なるからである。

日本は、国土の約70％が山岳地帯で、かつ四方を深い海で囲まれた島国であり、また、予見できる将来において「アジア・スーパーグリッド」構想のような中国や韓国、ロシアなど周辺国との国際送電線の整備が進むとは考えにくい。今後は、GX推進によって変動性再エネの導入促進が期待されるが、電力供給を全面的に再エネに頼るのは安定供給やコスト面から制約が大きい。そう考えると、安全対策を大前提に、原子力の活用は再エネの導入拡大を円滑に進めるためにも必要である。

CNを実現しようとすれば、再エネか原子力かの二者択一ではなく、両者が持つメリットとデメリットを相互に補完できる電力システムの構築を目指すべきである。また、ゼロエミッションの火力として水素・アンモニアの利用が必要になるが、経済性の面から、その大半は中東や豪州、アジアなどからの輸入に依存する可能性が高い。そう考えると、水素製造に適した高温ガス炉など次世代炉を含めて、原子力の活用は重要な選択肢のひとつとなる。

最後に指摘したいのは、日本は欧米諸国に比べて自然災害とりわけ大地震が多いため、特に電力システムの強靱化が求められることである。２０１１年３月に東日本大震災が起きた際、首都圏では計画停電が実施されたが、何とか深刻な電力危機を回避することができた。東日本の太平洋沿岸や東京湾周辺に立地する多くの火力発電所が稼働停止に追い込まれ、また、西日本からの電力融通が限られるなか、日本海側に位置する新潟県の柏崎刈羽原発が稼働を続けられたことが大いに役立った。

内閣府の地震調査研究推進本部によると、今後30年以内に首都直下地震や東海・東南海・南海巨大地震が発生する確率は70％程度としている。現在、日本の発電電力量の約７割を占める火力発電所の多くは、東京湾、大阪湾、伊勢湾の工業地帯に密集しており、もし巨大地震が起きれば、その多くが稼働停止に追い込まれ、日本全体が深刻な電力不足に陥る恐れがある。それに対して、多くの原発が立地する日本海側では、太平洋側で想定される海溝型の巨大地震とは違って、断層型の地震が起きるため、十分な耐震・津波対策を講じており、対応できると考えられている。もし将来、巨大地震が起きた場合、太平洋側での電力供給への打撃を最小化するためにも、クリーン電源である原子力は重要な役割を果たせるだろう。

【脚注】

（1）石油石炭税の税率（2016年以降）
原油・石油製品　2800円／キロリットル
LNG・LPG　1860円／トン
石炭　1370円／トン

（2）洋上風力発電「ラウンド1」、（運転開始予定年月）
秋田県　能代市・三種町・男鹿市沖―479メガワット（GE製）、12・6メガワット×38基（2028年12月）
秋田県　由利本荘市沖―819メガワット（GE製）、12・6メガワット×65基（2030年12月）
千葉県　銚子市沖―390メガワット（GE製）、12・6メガワット×31基（2028年9月）

（3）洋上風力発電「ラウンド2」
秋田県　八峰町・能代市沖―356メガワット
秋田県　男鹿市・潟上市・秋田市沖―336メガワット
新潟県　村上市・胎内市沖―700メガワット
長崎県　西海市江島沖―424メガワット
※上限価格（1キロワット時あたり）は、秋田県と新潟県沖は19円、長崎県沖は29円に設定

# あとがき

ひょんなきっかけで本書を執筆することになった。株式会社エネルギーフォーラムが主催する第43回「エネルギーフォーラム賞」の選考委員会が2023年2月下旬に開かれたが、筆者も選考委員のひとりとして出席した。前年2月に始まったウクライナ戦争で国際エネルギー情勢が一変するなか、受賞作品には「エネルギーの地政学」や「電力セキュリティ」をテーマとする著作が選ばれた。その選考過程で筆者は、「再生可能エネルギーの地政学」についての考察がないのは物足りないとコメントした。

それから数日後、株式会社エネルギーフォーラムの編集者から電子メールが送られてきて、社内で話し合った結果、「再生可能エネルギーの地政学」について単行本として出版したいとの連絡を受けた。参考資料として、筆者が2018年に電気新聞の時評欄に寄稿した「再生エネの地政学」が電子メールに添付されており、それを現在の状況を踏まえて肉づけしてほしいとのことだった。少し時間をかけて思案した結果、2023年は筆者が日本エネルギー経済研究所に入所して50年の節目の年でもあり、卒業論文を書くつもりで引き受けることにした。

執筆を始めて痛感したのは、この5、6年の間に、世界のエネルギー・気候変動問題を巡る情勢が激変していることであった。日本では、東日本大震災以降、再エネか原子力かという「二項対立」によって、エネルギー政策の混迷が続いてきた。無資源国の日本は、今回のエネルギー危機を奇貨として、省エネはもとより再エネも原子力も最大限に活用することで、脱炭素化とエネルギー安定確保、経済活性化を図る好機にすべきである。日本は、国家と企業の命運を左右する低炭素技術の分野で産業競争力を向上させ、不安定化する世界で存在感を高める必要がある。本書が、そのために少しでも役立つことを願っている。

何とか本書を刊行できたのは、元職場である日本エネルギー経済研究所の所員の皆さん、また、長年にわたりご指導をいただいた諸先輩方や多くの友人のおかげであり、改めて感謝申し上げる。特に秋本真誠氏には、多くの貴重なコメントと資料作成のご協力をいただき、心より御礼申し上げる。海外電力調査会や日本原子力産業協会には、貴重な資料のご提供をいただき感謝申し上げる。

本書の刊行にあたっては、株式会社エネルギーフォーラムの志賀正利社長および編集担当の山田衆三氏にご尽力をいただき、御礼申し上げる。さらに、これまで充実した研究活動を続けてこられたのは、40年近く通ってきた東京都八王子市の中山テニスクラブ・オーナーの石井聡氏をはじめ多くのテニス仲間との交流のおかげでもあると感謝している。

最後に、長年にわたり研究生活を支えてくれた妻・佐和子に、この場を借りて感謝の気持ちを伝えたいと思う。

２０２３年６月吉日
緑に囲まれた八王子の拙宅にて
十市　勉

## 〈参考文献〉

### 第1章


- 「二酸化炭素濃度の経年変化」、気象庁ホームページ、２０２２年12月
  https://www.data.jma.go.jp/ghg/kanshi/ghgp/co2_trend.html
- “Greenhouse Gas Emissions from Energy 2021”、ＩＥＡ
- 「パリ協定とは」、全国地球温暖化防止活動推進センター・ホームページ
  https://www.jccca.org/global-warming/trend-world/paris_agreement
- “bp Statistical Review of World Energy 2022”
- 「再生可能エネルギー２０２２—２０２７年までの予測と分析」、ＩＥＡ、２０２２年12月
  https://iea.blob.core.windows.net/assets/162c0be3-a733-4055-8bcd-a8042ed7310b/Renewables2022_Executivesummary_Japanese.pdf
- 「ＣＯＰ26に向けたカーボンニュートラルに関する海外主要国の動向」、ＮＥＤＯ、２０２１年
  https://www.nedo.go.jp/content/100938612.pdf
- “Renewable Power Generation Costs in 2021”, IRENA, July 2022
  https://www.irena.org/publications/2022/Jul/Renewable-Power-Generation-Costs-in-2021
- “Renewable energy and geopolitics: A review” By R. Vakulchuk et al. , Renewable and Sustainable Energy Reviews, Volume 122, April 2020

https://www.sciencedirect.com/science/article/pii/S1364032119307555
• Green Upheaval: The New Geopolitics of Energy, By Jason Bordoff and Meghan L. O'Sullivan, Foreign Affairs, January/February 2022

## 第2章

• 「日本の新たな国際資源戦略：レアメタルを戦略的に確保するために」、経済産業省資源エネルギー庁、２０２０年7月31日
https://www.enecho.meti.go.jp/about/special/johoteikyo/kokusaisigensenryaku_03.html
• 「脱炭素時代にとるべき鉱物資源戦略とは」、小森岳史、２０２１年9月17日
https://energy-shift.com/news/6e3f50b6-e1c5-4382-9d37-71644381c73d
• 「チリで高まるグリーン成長への期待」、佐藤竣平、日本貿易振興機構（ＪＥＴＲＯ）、２０２１年5月17日
https://www.jetro.go.jp/biz/areareports/special/2021/0401/e3501d0cca705cdd.html
• "The Role of Critical Minerals in Clean Energy Transitions", IEA, May 2021
https://www.iea.org/reports/the-role-of-critical-minerals-in-clean-energy-transitions
• 「ＩＥＡレポート—脱炭素に向けてレアメタルの需要が急増」、Energy Shift、２０２１年5月11日
https://energy-shift.com/news/ac67c7d2-b531-4c05-9fb0-3af03cbc8d65
• 「重要鉱物に係る安定供給確保を図るための取組方針」、経済産業省、２０２３年1月19日
• 「２０５０年カーボンニュートラル実現に向けた鉱物資源政策」、経済産業省資源エネルギー庁、２０２１年

12月21日
・「実現可能—電力網の国際連携　動き出したスーパーグリッド」、横山隆一、２０２０年12月18日
https://econews.jp/column/frontline/1092/
・「洋上風力の主力電源化を目指して」、日本風力発電協会、２０２０年７月17日
https://www.meti.go.jp/shingikai/energy_environment/yojo_furyoku/pdf/001_04_01.pdf
・「ＡＳＥＡＮにおける気候変動対策：エネルギー移行を中心に」、田村堅太郎、地球環境戦略研究機関、２０２２年11月29日
・「排他的経済水域（ＥＥＺ）における洋上風力発電の実施に係る国際法上の諸課題に関する検討会」、内閣府、２０２３年１月31日
https://www8.cao.go.jp/ocean/policies/energy/pdf/torimatome.pdf

## 第３章

・「世界ＥＶシェア、ついに自動車販売の10％に」、ＪＤＩＲ（JBpress Digital Innovation Review）、２０２３年１月18日
https://jbpress.ismedia.jp/articles/-/73554?page=2
・「中国のカーボンニュートラル政策の動向と今後の方向性」、真家陽一、国際貿易と投資№１２７
・"Assessing China's power sector low-carbon transition" Anders Hove, The Oxford Institute for Energy Studies, February 2023

- “CO2 emissions by fuel type”, Our World in Data
  https://ourworldindata.org/emissions-by-fuel#coal-oil-gas-cement-where-do-co2-emissions-come-from
- 「中国のエネルギー需給・調達の現状と今後の方向性」、竹原美佳、ＪＯＧＭＥＣ、２０２３年３月14日
  https://oilgas-info.jogmec.go.jp/info_reports/1009585/1009665.html
- 「ＩＥＥＪ エネルギー展望２０２３」、日本エネルギー経済研究所、２０２２年10月
- “China’s hydrogen development: A tale of three cities”, Dr Arabella Miller-Wang, The Oxford Institute for Energy Studies, March 2023


## 第４章


- 「長期的なエネルギー安全保障に向けＥＤＦを国有化し原発建設を推進（フランス）」、ＪＥＴＲＯ、２０２２年９月１日
  https://www.jetro.go.jp/biz/areareports/special/2022/0802/9a00f07ca7e77da0.html
- 「ドイツの脱原発と再生可能エネルギー政策」、星野智、２０１２年８月30日
  https://yab.yomiuri.co.jp/adv/chuo/research/20120830.html
- 「欧州グリーンディールの最新動向」、ＪＥＴＲＯ、２０２１年12月
  https://www.jetro.go.jp/world/reports/2021/01/862f1a922a2742b1.html
- 「リパワーＥＵ計画を読み解く」、吉沼啓介、ＪＥＴＲＯ、２０２２年９月

https://www.jetro.go.jp/biz/areareports/special/2022/0802/22edf85aa93cf592.html
・「ＥＵ、炭素国境調整メカニズム（ＣＢＡＭ）設置規則案で政治合意、水素も適用対象に」、吉沼啓介、ＪＥＴＲＯ、２０２２年12月
https://www.jetro.go.jp/biznews/2022/12/c4424a7b18877842.html
・「欧州におけるエネルギー関連政策の動向」、ＮＥＤＯ欧州事務所、２０２２年９月９日
・「初の女性委員長が率いるフォン・デア・ライエン新欧州委員会」、ＥＵマガジン、２０２１年１月18日
https://eumag.jp/feature/b0120/
・「ドイツの国家水素戦略のインパクト」、丸田昭輝、京都大学大学院経済学研究科、２０２０年８月27日
・「水素の〝色〟について」、あいち産業科学技術総合センター・ニュース、２０２１年９月号
https://www.aichi-inst.jp/other/up_docs/no.234_03.pdf
・「ドイツの国家水素戦略 ―脱炭素社会の実現に向けて本腰、グリーン水素の供給インフラ整備が課題―」、ファアマン・ミヒャエル、三井物産戦略研究所、２０２０年12月
・「ＥＵタクソノミー徹底解説」、富田基史・堀尾健太、日経ＥＳＧ、２０２２年４月４日
https://project.nikkeibp.co.jp/ESG/atcl/column/00003/032900033/
・「転換点に経つ Brexit 英国―変化の胎動と今後の展望―」、平石隆司、三井物産戦略研究所、２０２３年３月

## 第5章


・「バイデン政権発足で変革する気候変動政策（米国）」、中溝丘、ＪＥＴＲＯ、２０２１年3月11日
https://www.jetro.go.jp/biz/areareports/2021/7df152db3b14d572.html
・「バイデン政権の気候変動政策を読み解く」、塚田玉樹、霞関会、２０２２年8月21日
・「米クリーンエネルギー革命はどのようなイノベーションを引き起こすか」、高橋俊樹、国際貿易投資研究所、２０２２年10月31日、同年11月1、４日
https://iti.or.jp/2022?post_type=column
・「バイデン米政権、送電網の新設・改善に１３０億ドルの拠出を発表」、宮野慶太、ＪＥＴＲＯ、２０２２年11月22日
https://www.jetro.go.jp/biznews/2022/11/bc497e83e5f3a5db.html
・「インフレ削減法は、気候変動対策に軸足」、宮野慶太、ＪＥＴＲＯ、２０２２年10月６日
https://www.jetro.go.jp/biz/areareports/2022/2faeb20d767ea136.html
・"Annual Energy Outlook 2023", USEIA, April 2023
https://www.eia.gov/outlooks/aeo/data/browser/#/?id=67-AEO2023&cases=ref2023&sourcekey=0
・「米国で成立したインフレ抑制法とは？～ＥＶを巡る世界の反応と日本が取り組むべき課題」、EVsmart ブログ、２０２２年11月10日
・「国際協力銀行が米国ニュースケール社へ出資」、日揮ホールディングス、２０２２年４月３日
https://www.jgc.com/jp/news/2022/20220405.html

**第6章**

・「脱炭素のエネルギー転換時代に直面する中東産油国」、布施哲史、中東協力センター・ニュース、2022年8月
https://www.jccme.or.jp/11/pdf/2022-08/josei01.pdf
・「脱炭素加速でMENA地域をリード（UAE）」、山村千晴、JETRO、2022年11月11日
・「循環型炭素経済を目指し、水素事業を推進（サウジアラビア）」、林憲忠、JETRO、2022年10月31日
https://www.jetro.go.jp/biz/areareports/special/2022/1003/51a0b76c21b8005a.html
・「COP28議長国として注目を集めるUAEのエネルギー戦略の概要」、猪原渉、JOGMEC、2023年3月23日
・「COP27で加速するエジプト・オマーンのグリーン水素事業」、豊田耕平、JOGMEC、2022年11月17日

**第7章**

・「インドの経済・産業政策、FDI動向、予算及び政策決定プロセス」、栗原俊彦、国際協力銀行、2022年12月7日
・「アジア・大洋州地域主要国のカーボンニュートラル目標設定状況と取組動向」、阿部亮一、海外投融資情報

財団、ビジネス情報誌「海外投融資」、２０２２年11月号
- "Power Sector at a Glance ALL INDIA", Ministry of Power, April 12, 2023
https://powermin.gov.in/en/content/power-sector-glance-all-india
- 「インドで進む再生可能エネルギーの導入」、ギリ・ラム、三井物産戦略研究所、２０２１年４月
- 「インドで原発増設本格始動」、中村悦二、Japan-In-depth、２０２２年5月11日
- 「世界の最近の原子力発電所の運転・建設・廃止動向」、日本原子力産業協会、２０２３年３月13日
- 「カーボンニュートラル実現に向けた国際戦略」、経済産業省産業技術環境局・資源エネルギー庁、２０２２年３月１日
- 「ＡＳＥＡＮ主要国におけるカーボンニュートラル実現に向けた対応」、林圭一、損保総研レポート：第１４２号、２０２３年２月
- 「ＡＳＥＡＮの気候変動対策と産業・企業の対応に関する調査」、ＪＥＴＲＯ、２０２２年３月
- 「ＡＳＥＡＮにおける気候変動対策：エネルギー移行を中心に」、田村堅太郎、地球環境戦略研究機関、２０２２年11月29日
- "Electricity Generation in Australia", Department of Climate Change, Energy, the Environment and Water ,2022
https://www.energy.gov.au/data/electricity-generation
- "The Australian Renewable Energy Race: Which States are Winning or Losing?", Climate Council, 2014
https://www.climatecouncil.org.au/uploads/ee2523dc632c9b01df11ecc6e3dd2184.pdf
- 「遅れてきた豪州の最強の脱炭素戦略①」、山家公雄、京都大学大学院、再生可能エネルギー経済学講座、

２０２３年４月10日
https://www.econ.kyoto-u.ac.jp/renewable_energy/stage2/contents/column0364.html
・「風況の違いによる日本と欧州の洋上風力発電経済性の比較」、本部和彦・立花慶治、東京大学公共政策大学院、ワーキング・ペーパー、２０２１年１月
・「豪州連邦政府の政権交代による資源政策への影響」、片山弘行、ＪＯＧＭＥＣ、２０２２年７月14日
・「豪アルバニージー政権、２０２２～２０２３年度予算案を発表」、ビジネス短信、ＪＥＴＲＯ、２０２２年11月
https://www.jetro.go.jp/biznews/2022/11/c7f0f2179b0085f0.html
・「チリがパリ協定の改定国別対策貢献（ＮＤＣ）提出」、環境金融研究機構（ＲＩＥＦ）、２０２０年４月11日
https://rief-jp.org/ct8/101258
・「チリのグリーン水素・アンモニア事業に関する現状、課題及び将来予測」、兵土大輔、ＪＯＧＭＥＣ、２０２３年２月８日
https://oilgas-info.jogmec.go.jp/info_reports/1009585/1009619.html
・"National Green Hydrogen Strategy : Chile, a clean energy provider for a carbon neutral planet", McKinsey & Company, Dec. 2020
https://energia.gob.cl/sites/default/files/national_green_hydrogen_strategy_-_chile.pdf
・「チリの国家リチウム戦略」、兵土大輔、ＪＯＧＭＥＣ、２０２３年４月28日
https://mric.jogmec.go.jp/wp-content/uploads/2023/04/current23_06.pdf

・「尹政権のエネルギー政策が前政権から一変」、金明中、ニッセイ基礎研究所、２０２３年１月５日
・「韓国が新たな水素経済政策と成長戦略を発表」、環境省、２０２３年３月
https://www.env.go.jp/seisaku/list/ondanka_saisei/lowcarbon-h2-sc/PDF/overseas-trend_korea_202303.pdf

## 第8章

・「第3章　原子力を巡る地経学と地政学」、秋山信将、外務省調査報告書「日本の資源外交とエネルギー協力」、日本国際問題研究所、２０１５年
https://www2.jiia.or.jp/pdf/research/H27_Energy/
・「ロシアが握る濃縮ウランは欧米の急所」、荒木涼子、エコノミストオンライン、２０２２年７月４日
https://weekly-economist.mainichi.jp/articles/20220712/se1/00m/020/025000c
・"Nuclear Power and Secure Energy Transitions: From today's challenges to tomorrow's clean energy systems", IEA, June 2022
・「ＩＥＡ特別報告書：原子力発電と確実なエネルギー移行―今日の課題から明日のクリーンエネルギーシステムへ　概要紹介」、日本原子力産業協会、２０２２年７月28日
・「ベルギー政府、２基の運転期間延長に向け前進」、海外電力関連トピックス情報、電気事業連合会、２０２３年１月19日
・「スウェーデン、原子力発電所建設に向けた法改正を提案、家庭向け電力補助金も発表」、ビジネス短信、Ｊ

ＥＴＲＯ、２０２３年1月18日
・「フィンランド閣僚が原子力の有用性強調」、海外電力関連トピックス情報、電気事業連合会、２０２２年6月15日
・「フィンランド、エネルギー危機で原子力への態度に変化」、ビジネス短信、ＪＥＴＲＯ、２０２２年12月15日
・「欧州脱原子力国の苦悩―ドイツの脱原子力後ろ倒し」、海外電力関連トピックス情報、電気事業連合会、２０２２年12月21日
・「英国と中国の二国間関係～実利主義の国・英国の対中戦略～」、縄田恵子、財務省
https://www.mof.go.jp/public_relations/finance/202210/202210d.html
・「世界の原子力発電開発の現状」、日本原子力産業協会、２０２３年４月７日
・「エネルギーを巡る社会動向と原子力の技術開発」、経済産業省資源エネルギー庁、２０２２年３月28日
・「ロシア原子力外交の地政学的脅威―運命共同体的〈同盟〉」、司雄一郎・廣瀬陽子、慶應義塾大学環境情報学部、２０２２年
https://presen.sfc.keio.ac.jp/_assets/2022A11_YuichiroTsukasa.pdf
・「アルゼンチン原発会社、中国の加圧水型軽水炉導入で契約締結」、ビジネス短信、ＪＥＴＲＯ、２０２２年2月2日
・"China could build 30 'Belt and Road' nuclear reactors by 2030", Reuters, June 20, 2019

## 第9章


・「激動する国際情勢と日本のエネルギー戦略」、十市勉、公研、２０２２年11月号
・「エネルギー白書２０２２」、経済産業省資源エネルギー庁、２０２２年６月７日
https://www.enecho.meti.go.jp/about/whitepaper/2022/pdf/whitepaper2022_all.pdf
・「令和３年度の総合エネルギー統計速報」、経済産業省資源エネルギー庁、２０２２年11月22日
https://www.enecho.meti.go.jp/statistics/total_energy/pdf/gaiyou2021fysoku.pdf
・「中国製造２０２５の重点分野」、日本経済新聞、２０１８年12月７日
・「ＧＸ実現に向けた基本方針」、経済産業省、２０２３年２月10日
・「カーボンニュートラル実現に向けた国際戦略」、経済産業省産業技術環境局・資源エネルギー庁、２０２２年３月１日
・「ＧＸを実現するための政策イニシアティブの具体化について」、ＧＸ実行推進担当大臣、２０２２年11月29日
・「地球温暖化対策のための石油石炭税の税率の特例等について」、国税庁、２０１２年７月
https://www.nta.go.jp/publication/pamph/kansetsu/sekiyusekitan_r0204-02.pdf
・「第３回　再生可能エネルギー・水素等関係閣僚会議　議事概要」、内閣府、２０２３年４月４日
https://www.cas.go.jp/jp/seisaku/saisei_energy/kaigi_dai3/gijigaiyou.pdf
・「洋上風力政策について」、経済産業省資源エネルギー庁、２０２２年10月６日
・「電力セキュリティ」、市村健、オーム社、２０２２年３月24日

・「水素・アンモニアの商用サプライチェーン支援制度：中間整理（案）について」、経済産業省資源エネルギー庁総合資源エネルギー調査会、２０２２年12月13日
https://www.meti.go.jp/shingikai/enecho/shoene_shinene/suiso_seisaku/007.html

・「内閣府：防災情報のページ」、地震調査研究推進本部（２０１７年１月時点）
https://www.bousai.go.jp/kyoiku/hokenkyousai/jishin.html

・「G７広島首脳コミュニケ（仮訳）」、外務省、２０２３年5月20日
https://www.mofa.go.jp/mofaj/ecm/ec/page1_001700.html

〈著者紹介〉

十市 勉 といち・つとむ

1945年、大阪府生まれ。1973年、東京大学大学院地球物理コース博士課程修了(理学博士)。日本エネルギー経済研究所に入所後、マサチューセッツ工科大学エネルギー研究所客員研究員(1983～1985年)、日本エネルギー経済研究所総合研究部長、専務理事、首席研究員、顧問などを経て、2021年より客員研究員。この間、政府の審議会や委員会の委員などを歴任、多摩大学の客員教授や東京工業大学・慶應義塾大学の非常勤講師も務める。主な著書に『シェール革命と日本のエネルギー』、『21世紀のエネルギー地政学』、『第3次石油ショックは起きるか』、『エネルギーと国の役割』など。

# 再生可能エネルギーの地政学

2023年7月29日第一刷発行

著者　十市 勉
発行者　志賀正利
発行所　株式会社エネルギーフォーラム
〒104-0061 東京都中央区銀座5-13-3 電話 03-5565-3500
印刷・製本　中央精版印刷株式会社
ブックデザイン　エネルギーフォーラム デザイン室

定価はカバーに表示してあります。落丁・乱丁の場合は送料小社負担でお取り替えいたします。


ISBN978-4-88555-536-7